CELEBREMOS Y GOCEMOS

GIULIANO ZANCHI

CELEBREMOS Y GOCEMOS

La Liturgia, escuela de oración

SAN PABLO

© SAN PABLO 2024
Protasio Gómez, 11-15. 28027 Madrid
Tel. 917 425 113
E-mail: secretaria.edit@sanpablo.es - www.sanpablo.es
© Edizioni San Paolo s.r.l., Cinisello Balsamo (Milán) 2023
www.edizionisanpaolo.it

Título original: *Preghiera e liturgia*
Traducción: José Antonio Pérez Sánchez, SSP

Distribución: SAN PABLO. División Comercial
Resina, 1. 28021 Madrid
Tel. 917 987 375
E-mail: ventas@sanpablo.es
ISBN: 978-84-285-7166-1
Depósito legal: M. 13.186-2024
Impreso en LiberDigital
Printed in Spain. Impreso en España

Introducción.
Angelina y el divorcio entre oración y Liturgia

«Yo no sé rezar», me dice un día Angelina, mirando a un punto indeterminado del espacio donde debe aparecer algún fantasma de su sincera aflicción. En ese momento, Angelina tiene alrededor de setenta años, y proviene de esas generaciones de creyentes sencillas que un catolicismo, aún muy arraigado en la sociedad, sobre todo en el ambiente rural del campo, formó con rigor y método, en torno al primado de la doctrina y el precepto. Cuando deja que sea su memoria la que hable, sus recuerdos de infancia están indisolublemente ligados al catecismo aprendido de memoria, a las misas celebradas muy temprano, a los métodos enérgicos de los sacerdotes, a las vísperas del domingo por la tarde con la bendición eucarística, el *Tantum ergo*, el velo en la cabeza, las novenas, las procesiones... En definitiva, a la cadencia de una vida en la que eran las obligaciones de la práctica religiosa las que marcaban el ritmo de la vida con invariable regularidad.

Mientras ella cuenta, aparecen en mi mente imágenes que, debido a la edad, mi experiencia personal solo ha rozado en sus últimos destellos, y que me recuerdan escenas que he podido leer en algunas novelas de Gadda, Meneghello o Piero Chiara, escenarios de religiosidad lombardo-veneciana, en la que dominaba también un rigor moral, secretamente jansenista, del deber por encima de todo. Una formación así orientada ha hecho arraigar en estas generaciones una disciplina de pertenencia católica tan sólida como para sustentar una aceptación serena, e incluso una asimilación consciente, de las nuevas sensibilidades pastorales que surgieron a partir del concilio Vaticano II en adelante.

Al mismo tiempo, ha tomado también medidas para instigar tal sentimiento de conformidad, que muy a menudo se confunde con los peores excesos del escrúpulo. Desde algún rincón de ese superyó de la observancia es desde donde Angelina, en una de sus frecuentes confesiones, dice con auténtico sentimiento de culpa: «Yo no sé rezar». Casi siempre se trata de la distracción con la que los pensamientos, volátiles como hojas movidas por los vientos otoñales, distraen la mente de la plena concentración en las palabras de la oración, *in primis* las del Rosario, la fórmula habitual de oración heredada de la familia y de la tradición. «Me viene a la mente de todo –dice con el tono de quien confiesa un crimen imperdonable–, pienso en lo que tengo que hacer, en mis hijos y en las cosas que veo en la televisión...». La vida irrumpe en la mente, perturbando la cristalina teoría de las fórmulas.

Siento que no debo menospreciar su problema, que no puedo quitarle peso a algo que le pesa con verdadera gravedad, pero al mismo tiempo trato de hacerle familiares otras consideraciones. Le sugiero, ante todo, que la tradición nos ha dejado un repertorio de fórmulas preestablecidas *precisamente* porque, en el fondo, ninguno de nosotros sabe realmente rezar, si es cierto, como dice san Pablo, que «nosotros no sabemos pedir como conviene; pero el Espíritu mismo intercede por nosotros con gemidos inefables» (Rom 8,26), y porque quizás tengan precisamente esa función de anclaje que mantiene referencias concretas al natural deambular de nuestros pensamientos. Le recuerdo que también los salmistas se sintieron abrumados por la inmediatez de la vida, a menudo muy dramática, a veces incluso trágica, pero esto no les impidió incorporarlo todo en el bagaje, a veces confuso, de su oración, que se ha vuelto ejemplar también para nosotros. Pero luego le indico que, más allá de los pensamientos que van y vienen, lo que da firmeza y sinceridad a su oración ella lo realiza ante todo con la presencia de su cuerpo, humildemente dedicado al deseo de Dios. Le advierto que ella ya está rezando, de manera auténtica y verdadera, aunque sea solo por estar sentada con el rosario en la mano, o de rodillas con el rostro inclinado, o de pie mientras canta con su voz sonora.

Ante estas observaciones, ella levanta la vista por un momento, sorprendida y pensativa, como si yo le estuviera haciendo una oferta de la que no puede fiarse completamente. No creo haberla convencido del todo ni haber aliviado sus escrúpulos, aunque me escuche con una confianza y un respeto que siempre me han conmovido. La confianza de los sencillos está entre las deudas morales más altas que existen. Angelina murió en 2015 a los 93 años. Esta conversación, que tuvo lugar mucho antes, es uno de los recuerdos más límpidos que conservo de ella. Años más tarde, y tras un torrente de lecturas, me doy cuenta de que en aquella ocasión le expliqué conceptos que Michel de Certeau había expresado ya con original precisión: «La actitud de recogimiento corporal no es una dotación del alma ni un simple comentario fisiológico. Es la oración misma»[1]. Y también: «La humilde ofrenda corporal es ya don total: "Esto es mi Cuerpo"».

---

[1] «El hombre en oración, ese árbol de gestos», escrito en 1964, cuya traducción al español podemos encontrar en la obra *La debilidad de creer* (Katz Editores, Madrid 2006).

La oración, antes aun de mover palabras, moviliza una presencia, de manera que ya en sí mismas, son palabras inmediatas, sintéticas, elocuentes. Antes incluso de referirse a la relación religiosa con Dios, semejante suposición recorre todo el vocabulario corporal de las relaciones humanas, mudo y claro al mismo tiempo, universal en significado y particular en el acto, inteligible independientemente de historias y geografías. «No tengo miedo de nada», dice el niño sin abrir la boca, acurrucado junto a las rodillas de su madre, en un acto que concentra la densidad original de la confianza. «Nunca sin ti», dice en silencio el estar al lado de la pareja, en la firmeza móvil de quien ha encontrado un camino que permite caminar juntos. «Sigue hablando», dice el rostro abandonado de la enamorada que escucha palabras dignas de su sentimiento. «Estoy en tus manos», dice sin decirlo el anciano, a quien le quedan solo las fuerzas de la mirada, a la persona que lo cuida con amor y dedicación. Declaraciones, súplicas, ruegos, promesas, juramentos, confesiones, llamamientos se elevan al máximo de su volumen comunicativo, pasando simplemente a través de la potencia del cuerpo, para disponerse a modo de presencia, realizando cada vez el significado de una paradoja: «El gesto es espíritu».

Esto era lo que estaba yo tratando de decir, con palabras mucho más sencillas, intentando comprender las conmovedoras preocupaciones de Angelina. Su manera de estar en pie, frente a la imagen de la Virgen, ligeramente curvada sobre sus hombros y con el rosario en las manos, apoyadas casi en su regazo, inmóvil sobre ambos pies en su ininterrumpido susurro y con la mirada baja dirigida hacia quién sabe dónde, la hizo realidad en todos los aspectos, y sin saberlo, durante toda su vida. Por lo tanto, es bastante indiferente si logré convencerla o no.

Un último elemento que recuerdo haber puesto sobre la mesa en aquella conversación, en cierto modo el más importante, se refiere al hecho de que nuestra oración personal no coincide ni se agota en sus momentos *individuales,* sino que, en su sentido propiamente cristiano, se alimenta principalmente de momentos *comunes,* como nos hace entender, por ejemplo, la expresión ejemplar para nosotros «Padre *nuestro*», con este pronombre en primera persona plural. La oración común, aunque no la reemplace en modo alguno, sostiene y completa la oración individual, especialmente cuando esta coralidad de la oración desemboca en la *forma típicamente comunitaria que es la Liturgia.*

Sin infligir a mi interlocutora el tormento de la teoría, intentaba así revivir en ella la escena escrupulosa de la misa dominical, seguida con atención, en nuestra pequeña iglesia neogótica, en la que todos terminaban ocupando un puesto que tendía a ser fijo, donde, de manera más o menos blanda, las voces de todos se unían recitando fórmulas casi siempre preestablecidas, así como en las acciones en las que todos se asociaban de manera más o menos elegante y convencida, aunque casi siempre muy respetuosa; liturgias que yo intentaba celebrar lo más sencillamente posible, para que los gestos de todos pudieran surgir de la manera más natural posible, lo suficientemente serios como para ser conmovedores, y no tan artificiales como para incomodar a la gente o parecer falsos.

Regresado mentalmente a este escenario tan familiar, y con el útil desapego de la reflexión, intentaba decirle que hay una oración que nos precede y nos rodea, compensando el vagabundeo de nuestros pensamientos, la aridez que parece estancarse en algunos de nuestros silencios, la pobreza de sentimientos con la que tal vez estemos, e incluso a nuestra real y consciente mala voluntad. Existe un «nosotros» que hace flotar la pesadez de nuestro «yo», como esos que leen el periódico sentados en el agua del Mar Muerto, albergando sus resistencias y debilidades en un «espíritu de cuerpo» que flota con la capacidad de sostenerlo todo. Sobre todo porque –¡mire lo que le digo, Angelina!– en este «nosotros» está siempre también «él», el Señor Jesús, con su Cuerpo, guía y animador de la oración con la que todos permanecemos en el deseo vivo de Dios, presente en el vínculo espiritual que precisamente exige nuestra comunión para manifestarse. Oramos bien porque oramos juntos, y oramos juntos porque él nunca deja de orar con nosotros.

En un artículo escrito para la revista La Maison-Dieu[2], Louis-Marie Chauvet explica estas cosas mucho mejor que yo. «Por supuesto, hay una oración –dice– vivida individualmente; pero, para ser precisos, no existe nada parecido a una oración privada. Incluso la oración más personal es la oración de la Iglesia» (p. 54). Pero ¿por qué hemos acabado por asimilar una idea de oración predominantemente solitaria? Para explicarlo sería necesario un largo recorrido histórico, que no es posible emprender aquí, pero para el que sugiero la compañía de Giovanni Moioli, teólogo de la espiritualidad, fallecido prematuramente, que en varias ocasiones abordó el tema de esta escisión en una serie de intervenciones ahora reunidas en un solo volumen titulado *Preghiera, mistica e liturgia* (Centro Ambrosiano-Glossa, Milán 2017). Muchos aspectos entran en juego en las transformaciones que conducen a este resultado.

Limitémonos aquí a recoger un doble testimonio con dos consecuencias, que se desarrollaron en el corazón de la Edad Media. «Cuando la celebración –escribe Moioli–, sus textos, sus cantos, sus gestos...

---

[2] Traducido al italiano en *L'umanità dei sacramenti* (Qiqajon, Magnano 2010).

en una palabra, su "lenguaje", pierde su "contexto", realmente ya no "dice" nada más que a los iniciados. Se convierte en un deber». En segundo lugar, y en consecuencia: «*Al no ser significada y no ser interpretada por la celebración litúrgica,* la experiencia espiritual acaba por encontrarse exclusivamente en otros tipos de celebración, no heterogéneos sino colaterales a la celebración litúrgica, es decir, *se convierte en el contexto de las "devociones"*» (pp. 77-78). El sentido del rito por parte de los fieles acaba siendo secuestrado por las numerosas prácticas devotas que sustituyen a la Liturgia, considerada, cada vez más, incapaz de dar de verdad forma a la dimensión espiritual de la vida.

Este refugiarse en las devociones adquiere un carácter cada vez más individual, haciendo que la oración se convierta también en una cuestión cada vez más ligada a la interioridad subjetiva. El yo como lugar de encuentro con Dios. Para ser un lugar tan importante debe pagar un alto precio. Debe llegar a estar tan disponible al paso de lo divino que debe transformarse en un espacio totalmente diáfano, vacío, desierto. Una imagen puede ayudarnos. Quizás penaliza la riqueza de estos siglos, pero nos ayuda a comprender los cimientos en los que se basa. El alma es un cuarto sucio y desordenado que hay que limpiar y vaciar para dejar entrar la grandeza infinita de Dios. Orar, disposición en la que nos encontramos con Dios, es un poco como limpiar nuestro interior, pues debemos aprender a hacer el vacío dentro de nosotros mismos, practicando ese desinterés total que san Ignacio de Loyola llama «indiferencia», y que es un poco lo que Angelina, sintiéndose culpable, no conseguía hacer.

La oración ha entrado en los reflejos mentales comunes como un ejercicio de distanciamiento de uno mismo, una práctica de aislamiento individual que encuentra lo divino en la medida en que se retira de todo el catálogo de no-yo: los demás, el mundo y la vida. Muchas cosas se pierden en este programa de sustracción. En primer lugar, se sacrifica la experiencia real, se la degrada a ser distracción o, peor aún, seducción. Pero también se sacrifica la dimensión interpersonal de la experiencia religiosa, que comprende su rasgo típicamente eclesial. Y, sobre todo, se sacrifica la referencia esencial a Jesús (el rasgo *cristológico,* dirían los teólogos), sin la cual, en términos cristianos, no hay verdadera unión con Dios. El sacrificio del *cuerpo,* de la *comunidad* y de *Cristo* es el sacrificio conjunto del alejamiento secular que ha experimentado la oración de la Liturgia. De esto es de lo que hablamos en este libro.

Este libro no es para eruditos. No sería capaz. Pero, a decir verdad, tampoco es un libro para principiantes. Siempre empiezo con esta ambición, pero luego la sencillez me abandona, porque exige una dura lucha. Como resultado, este es más bien un libro para aficionados, para iniciados no especializados. Me refiero a esos que ya están familiarizados con la Liturgia, tienen deseos sinceros de oración y quieren centrarse en una reflexión adicional, en algo que, en su experiencia, aún no encuentran las palabras para definirlo. Es más una serie de meditaciones que un ensayo para especialistas. Espero que no sea demasiado vago, pero tampoco esotérico. Y, espero, también que sea lo suficientemente serio como para estar a la altura de su maravilloso objeto, la oración que nos lleva a Dios, a todos juntos, gracias a Jesús.

Los cuatro primeros capítulos tendrán un carácter más general y teológico. Deben recordarnos que la oración cristiana es *cristiana* porque actúa dentro de la auténtica revolución que Jesús ha introducido en el culto, especialmente en la idea del sacrificio, acto fundamental de toda religión (1); deben recordarnos también que orar significa descubrirnos realmente vinculados a Dios gracias a la vida misma de Jesús, en su Cuerpo y en su Espíritu (2); en tercer lugar debemos recordar que el culto cristiano es siempre un nosotros, que en la Liturgia de la Iglesia tiene su máxima expresión (3), y, finalmente, hay que decir algo sobre el hecho de que la oración no coincide con unos pensamientos, sino que es más bien un acto sintético de nuestro ser encarnados y pasa por el poder simbólico del sacramento (4).

Después de esta amplia parte general se encontrarán tres capítulos que toman la misa como experiencia-tipo de la Liturgia. Aunque la Liturgia eucarística no es la única, sí es la Liturgia fundamental. Se hablará de los dos núcleos fundamentales de la oración litúrgica: ante todo, el momento del signo instituido por Jesús, partir el pan y servir el vino, considerado en su ser un gesto insuperable de oración (5); después el momento de la Palabra, lugar de revelación y espacio de diálogo, por tanto, formidable acto de oración (6). El capítulo siguiente servirá para señalar de manera puramente evocativa algunos aspectos de la Liturgia que inciden en su ser oración (7). Y algunas consideraciones finales intentarán situar estas reflexiones en el contexto de la cultura actual y de sus problemas pastorales.

A este libro le faltan muchas cosas. Su limitada extensión ha exigido rigor en la selección. Espero haber privilegiado en él lo que es realmente esencial y haber puesto de relieve lo que es determinante. En el fondo, todo lo que se ha escrito podría reducirse a dos ideas: la oración cristiana tiene su fuente y su cumbre en la memoria litúrgica del Señor y, en ella, tenemos el privilegio inaudito de estar realmente hospedados en los afectos de las personas divinas.

1
Jesús, una revolución cultural

Religiosamente hablando, Jesús es un extraterrestre. Irrumpe en la escena de su tradición espiritual contando visiones que parecen venir de otro mundo, que para algunos parecen ser extrañas invenciones de un gurú excéntrico; para otros, ofensas blasfemas contra la sacralidad de la doctrina. Para muchos, la anomalía de Jesús tiene, en cambio, el rasgo del alivio, esa inspiración divergente que en ciertos momentos tiene el poder de reanimar verdades llameantes que los convencionalismos han ocultado bajo pesadas capas de aburrida coacción. A menudo es en la contingencia de los encuentros donde se encienden estos destellos.

Un día en Samaria

Juan cuenta uno de ellos, en Jn 4,1-42. Jesús cruza Samaria. Cansado del viaje, se detiene cerca de un pozo, que es una especie de monumento nacional.

Está situado en el terreno que –según dicen– Jacob compró muchos siglos antes por cien piezas de plata. Para los destinatarios de la historia, se trata de un lugar mítico. Cerca de un pozo Jacob había visto aparecer a Raquel, enamorándose perdidamente de ella. También Moisés se encontró con Séfora, su futura esposa, cerca de un pozo. Los pozos son lugares de encuentros extraordinarios. Es alrededor del mediodía, cuando una mujer llega al pozo donde Jesús ha decidido descansar. El sol cae riguroso en su incandescencia cenital. La sed sugiere las primeras palabras de un diálogo que parece escrito por el talento de un dramaturgo moderno.

Avergonzada por el tono firme de este desconocido, la mujer se mantiene a una distancia prudente, divagando sobre cuestiones generales, como ocurre siempre que alguien se siente incómodo delante de algún hombre de religión. ¿Por qué los sacerdotes no pueden casarse? ¿Por qué la Iglesia no da la comunión a los divorciados? ¿Pero el Vaticano paga por los sacerdotes? Este tipo de cosas. Cuando Jesús se convierte en persona, también saca a relucir el tema del momento, que se refiere al conflicto habitual entre confesiones religiosas, sobre la legitimidad de los lugares de culto. ¿Dónde se debe orar, en este monte de Samaria o en el Templo de Jerusalén? Y Jesús, antes de volver al ataque de las cuestiones personales, da una respuesta que expresa profundamente esa revolución que el cristianismo introduce en los elementos básicos de la religión universal. «Se acerca la hora, ya está aquí, en que los verdaderos adoradores adorarán al Padre en espíritu y verdad» (Jn 4,23).

Jesús y la verdad de la oración

Naturalmente, el primer gran y único «verdadero adorador» es el mismo Jesús, a quien los discípulos sorprenden a menudo en su evidente e inconfundible intimidad de orante, suscitando la impresión más viva y tangible de lo que significa adorar «en espíritu y en verdad». Mientras ora, Jesús parece *verdaderamente* arrebatado en Dios. De esta impresión surge espontáneamente la petición de los discípulos de ser instruidos en la oración (cf. Lc 11,1), realmente como ocurre con todos los maestros, pero con la secreta certeza de que solo de *este* Maestro puede llegar una instrucción, más que rara, única.

Y de labios de Jesús aflora el Padrenuestro, para nosotros la oración de las oraciones. Como todo judío, Jesús reza tres veces al día, con la fórmula del *Shema Israel*, formada por nada menos que dieciocho bendiciones. Siguiendo la costumbre de muchos rabinos, que hacían un resumen personal, Jesús también da su resumen en el Padrenuestro, imprimiéndole el rasgo de una confianza sorprendente. Llama a Dios «*Abbá*», papá, un apelativo intenso, propio de la proximidad filial, que en dos sílabas socava elementos esenciales del imaginario religioso que lo rodea. Pero el contexto en el que florece esta oración, al menos según la redacción del evangelio de Mateo, es el de una crítica llena de ironía de aquellos preceptos que se prescribían en los diez días de penitencia, que se abrían solemnemente con el sonido del cuerno y se cerraban en el *Yom Kipur*: ayuno, limosna y oración, «los tres pilares del mundo», según la piedad judía (cf. Mt 6,1-18). Gestos importantes, pero también momentos de verdad. Hay gente que se desfigura la cara para demostrar que está ayunando. Hay gente que pregona a diestro y siniestro la prodigalidad de sus gestos de solidaridad. Y también hay quienes salen a la calle a rezar, para mostrar lo piadosos que son. Son solo actores, dice Jesús, gente que desempeña un papel, buscadores en serie de una visibilidad que la formalidad del precepto religioso les permite obtener sin demasiado esfuerzo. La mera conformidad es el secreto perfecto para cambiar, con su recitación formal, el «adentro» por el «afuera», la autenticidad de la intención con una apariencia deferente, la verdadera adhesión a las intenciones de Dios.

Desde esta perspectiva, el comportamiento religioso puede ser un gran sistema de simulaciones, un turbio aparato de prescripciones que traicionan profundamente lo que en la superficie muestran respetar. En su rebelión visceral contra este sistema, Jesús se revela heredero de los profetas y de sus duras críticas a la lógica del culto. El culto al Templo, alma del sistema religioso de Israel, estuvo siempre acompañado de la percepción de su insuficiencia, especialmente en lo que respecta a la lógica del sacrificio, elemento central de las religiones naturales, es decir, del sentido universal de lo sagrado. «Andad, aprended lo que significa: "Misericordia quiero y no sacrificios"» (Mt 9,13), reitera Jesús, haciéndose eco de Oseas (cf. Os 6,6).

El sacrificio y sus ambigüedades

El significado de esta severa crítica de Jesús al culto es ilustrado, con la habitual y envidiable claridad, al comienzo del famoso libro de Joseph Ratzinger sobre la Liturgia[1]. Su punto focal, podríamos decir, se encuentra en la *ambigüedad del sacrificio* en el que se realiza. La historia del sacrificio de Isaac, contenida en las páginas del Génesis (cf. Gén 22,1-19), si bien es tranquilizadora por la idea de que Dios mismo se ocupa de desviar el sacrificio de sus tendencias deshumanizantes, mantiene viva en nosotros la

---

[1] *El espíritu de la Liturgia. Una introducción*, Ediciones Cristiandad, Madrid 2005.

emoción de la brutalidad a la que siempre puede llegar. En efecto, han existido culturas religiosas sustentadas en la práctica de los sacrificios humanos.

Pero sin llegar a ese punto, el sacrificio actúa siempre al borde de una ambivalencia amenazante. ¿Es un don o un trueque? ¿Es un signo de sincera gratitud o el precio a pagar extorsionados por un poder superior a nosotros? ¿Es un gesto que corresponde a una gracia o una renuncia pasiva impuesta desde arriba? ¿Por qué el hombre religioso sacrifica algo a Dios? ¿Por amor o por miedo, por afecto o por cálculo? También los siglos cristianos, al insistir en el principio de *Jesús sacrificado por nuestros pecados,* terminaron por prolongar los efectos de esta ambivalencia, dando a entender más o menos que Dios, profundamente enojado con la humanidad, de por sí habría tenido que desquitarse con nosotros y exterminarnos a todos, pero, siendo «bueno», solo se desquitó con Jesús, haciendo que muriera en nuestro lugar. Inherente a esta ambivalencia del sacrificio se inscribe también una precisa imagen de Dios, de su iracunda soberanía, de su despotismo inflexible. Y ¡cuánta espiritualidad ha visto en el dolor, en el sufrimiento, en la renuncia, una fianza que se debe adelantar a Dios con vistas y a cambio de la salvación futura! Esto es entender el sacrificio, en definitiva, como instrumento de subyugación, que el hombre siempre sabe transformar hábilmente en moneda de cambio. *Do ut des.* ¿Qué hacen ciertos fariseos, muy criticados por Jesús, sino ofrecer su intachable irreprochabilidad a cambio de una auto certificación automática de superioridad moral?

La transformación cristiana del sacrificio

Sí, es verdad, Jesús se sacrifica. Pero lo hace de una manera que anula completamente esta lógica. La culminación de esta ambición se encuentra en la decisión de entregarse a la tragedia con tal de cerrar el paso, como una puerta cortafuegos durante un incendio, a que no se derrame ni una gota más de sangre, poniendo a salvo a los amigos («Os he dicho que soy yo. Si me buscáis a mí, dejad marchar a estos», Jn 19,8) y exonerando a los que se creen sus enemigos («Padre, perdónalos, porque no saben lo que hacen», Lc 23,34), *con la intención de consumar este sacrificio como acto mismo de Dios.* Profeta de la incondicional confiabilidad de Dios, crítico con esa teología de la ira que presenta lo divino como un Superyó decidido a vigilar y castigar, testimonio vivo de una proximidad que contradice, punto por punto, el catecismo teocrático de los convencionalismos religiosos, *Jesús encarnó el perfil no temible de Dios en cada Palabra y en cada gesto,* en las buenas y en las malas, con los buenos y con los malos, en la salud y en la enfermedad.

Faltaba el último paso. La confirmación definitiva. Mostrar que, incluso tras ser rechazado, contrariado, vilipendiado, violado, Dios no se desquita con nadie, no busca venganza, no planea compensaciones sacrificiales, y aún así pone de su parte, incondicionalmente. Ves a Jesús morir y dices: «¡Ahí tienes, este es Dios!».

Massimo Recalcati, desde el punto de vista de la reflexión psicoanalítica, capta perfectamente el significado de este tema. «Jesús crucificado –escribe– no es en absoluto el símbolo del carácter necesario del sacrificio, sino el de su abandono definitivo, de la encrucijada del fantasma sacrificial, del "sacrificio del sacrificio"»[2]. Me gustaría aplicar algunas enmiendas a la idea de que el sacrificio se elimina por completo, pero deduzco de esta frase el reconocimiento inequívoco de una revolución sin retorno en el contexto del orden sacrificial. Personalmente prefiero expresarlo así: *ya no se puede pensar en el sacrificio como lo que el hombre debe perder para agradar a Dios, sino como lo que Dios está siempre dispuesto a poner con tal de permanecer fiel a su alianza con el hombre.* Si alguien debe sacrificarse, es Dios, en la persona del Hijo, quien lo hace consciente y voluntariamente, no como un supino pararrayos de la ira de Dios, sino como un intérprete autorizado de su transparente entrega.

---

[2] *Contro il sacrificio*, Raffaello Cortina, Milán 2017, 140-141.

Y este sacrificio humano, que culmina en una muerte violenta, es también el último, el definitivo. No más sacrificios sangrientos. Esto vale para siempre y para todos. La amistad con Dios ya no cuesta la sangre de nadie, ni siquiera la de los machos cabríos, de los toros y las palomas, y para encontrarse con Él ya no es necesaria la mediación de ningún sacerdote.

El sacerdocio de Cristo

Las consecuencias de esta revolución del sacrificio las dibuja, con admirable precisión y con sugerente tono poético, la Carta a los hebreos, una refinada meditación teológica, atribuida durante mucho tiempo a san Pablo, pero que más bien es el fruto ingenioso de un anónimo homilista, ciertamente muy experto en materia de culto, precisamente el tradicional del Templo, y muy cómodo en el conocimiento del Antiguo Testamento. Parecería un autor del ámbito sacerdotal, con un profundo conocimiento de los ritos, al que se podría atribuir perfectamente la definición que el evangelista Mateo acuña al final del discurso parabólico: un «escriba que se ha hecho discípulo» (Mt 13,52).

Como tal, escribe, en el contexto de las comunidades de los orígenes, para los cristianos que provenían a su vez del judaísmo, conquistados por el

Evangelio del Reino, pero también afectados por un sentimiento de añoranza por la pérdida de las instituciones cultuales más importantes, en las que estaban acostumbrados a fundar su experiencia religiosa. Judíos convertidos en «discípulos del Camino» (cf. He 9,2; 18,25.26; 19,9.23), denominación de los cristianos antes de recibir este nombre en Antioquía (cf. He 11,26), que deben afrontar la marginalidad a la que la novedad de Jesús ha relegado elementos hasta entonces fundamentales, como el Templo, los sacrificios o el sacerdocio. ¿Cómo encontrar a Dios sin esas preciosas y hasta ahora indispensables mediaciones? El sacerdote-teólogo que escribe la carta recuerda entonces que, al obedecer de manera tan incondicional a su tarea de ser reflejo transparente del estilo de Dios, que le costó el don inconmensurable de la vida, Jesús asumió en sí todas las «funciones» del sacrificio. No ha sido una de tantas víctimas sustitutivas que se solían sacrificar, sino el hacerse víctima de Dios mismo; y cuando Dios se sacrifica a sí mismo, ¿qué más se puede sacrificar? Víctima sumamente inocente, Jesús ni siquiera necesitó de un sacerdote que lo inmolara, sino que, al entregarse por sí mismo, ha sido también sacerdote de su sacrificio, realizando una reconciliación que ya no necesita repetirse.

Finalmente, continúa el autor de la Carta a los hebreos, Jesús no hizo esto en uno de los muchos templos esparcidos por la tierra, ni en el tan amado y único de Jerusalén, sino en el templo de su Cuerpo, verdadera morada humana de Dios, tienda definitiva de su presencia en el mundo. ¿Qué significado pueden tener los templos humanos, cuando ahora hemos visto a Dios viviendo en el cuerpo de un hombre? En resumen, Jesús, reconocido por eso como el Cristo, ha sido al mismo tiempo víctima, altar y sacerdote, concentrando en sí mismo todos los elementos de un culto ya despojado de su ambigüedad histórica. Ahora, para encontrar a Dios en su verdad, ya no hace falta derramar sangre, ya no hay necesidad de sacrificios sangrientos, no hacen falta templos, ni siquiera sacerdotes. A Dios se le encuentra *directamente,* gracias a Jesús, el único y verdadero gran sumo sacerdote.

Un culto espiritual

Si la Carta a los hebreos fue atribuida durante mucho tiempo a san Pablo, no sin razón, se debe a su vigorosa meditación, que en la Carta a los romanos intenta elaborar el duelo histórico relativo a la despedida cristiana de la antigua concepción de la Ley, un estudio complementario en profundidad de esa revolución cultural debida al sacrificio de Jesús. En Marcos, un escriba, respondiendo a Jesús y haciendo un *collage* de citas, resume una de las cumbres de la sabiduría antigua, diciendo que «amarlo [a Dios] con todo el corazón, con todo el entendimiento y con todo el ser, y amar al prójimo, como a uno mismo, vale más que todos los holocaustos y sacrificios» (Mc 12,33). En esta destilación de madurez religiosa resonaba silenciosamente la antigua intolerancia de los profetas hacia la «abundancia de vuestros sacrificios», «los holocaustos de carneros, de grasa de cebones», seguros de interpretar los sentimientos de Dios al proclamar abiertamente: «No me traigáis más inútiles ofrendas» (Is 1,11.13).

Ahora Pablo, con el luminoso ejemplo de Jesús ante sus ojos, da un nombre específico a esa actitud, que finalmente se libera de un culto que ahora es manifiestamente inauténtico. «Os exhorto, pues, hermanos –les dice a los cristianos de Roma–, por la misericordia de Dios, a que presentéis vuestros cuerpos como sacrificio vivo, santo, agradable a Dios; este es vuestro culto espiritual» (Rom 12,1). Lo llama así: «culto espiritual», *logikè latréia* en griego, *rationabile obsequium,* según la Vulgata, que significa el desplazamiento del centro de gravedad del culto hacia la verdad interior requerida por la autenticidad humana del individuo. Ya no se trata de sacrificar animales, ni siquiera de refugiarse en un escrupuloso cumplimiento de los preceptos, detrás de los cuales acechan siempre los riesgos de la magia, sino de poner en juego la propia rectitud, de orientar la propia existencia hacia lo que *realmente dicta la ley a los ojos del Dios de Jesús.*

Por tanto, el nuevo «culto espiritual» ya no necesita mediaciones sacras. Vive de la referencia grande y única a Jesús, a quien el cristiano cree vivo y presente, generoso dispensador de un espíritu en el que todos pueden asociarse a la intimidad con Dios y entrar en la zarza ardiente de los afectos trinitarios. Puesto que Jesús permanece con nosotros, estamos ya siempre en presencia de Dios. La doxología con la que se concluye la plegaria eucarística, «por Cristo, con él y en él», confiesa que toda nuestra relación con el Señor se realiza a través de él, o más bien en la fuerza de arrastre de su intimidad, que nos permite, de manera casi inconcebible, dirigirnos a Dios Padre hablándole de «tú». Esta mediación ofrecida por Jesús es el rasgo que caracteriza la oración cristiana: no un vago anhelo hacia una divinidad inaccesible, sino una estrecha familiaridad con el espíritu del Hijo, en virtud de la cual podemos adentrarnos en el misterio de Dios. Momento insuperable de esta familiaridad, que funda la calidad última de la oración cristiana, es la Liturgia, heredera del antiguo culto, pero «invento» de Jesús, en vista de una promesa: «Los verdaderos adoradores adorarán al Padre en espíritu y en verdad».

2
Cristo, epicentro de la oración

El Señor está en medio de nosotros

«El lugar de la contemplación de Dios es Cristo»[1], escribía Giovanni Moioli corrigiendo los movimientos históricos que habían introducido el centro de gravedad de la oración en una esfera de interioridad excesivamente autorreferida. En nuestra lengua, «contemplar» tiene también el sentido de «tener presente». La oración cristiana, arrancada de las ambivalencias del antiguo culto sacrificial y bien distinta de los potenciales narcisismos que siempre acechan en el movimiento introvertido de la oración mental, mantiene su punto de apoyo más sólido en la garantía de que *Cristo permanece para siempre radicado entre nosotros en la plenitud de su presencia de espíritu,* lugar eficaz de encuentro entre el deseo humano y la revelación divina. «A Dios nadie lo ha visto jamás: Dios unigénito, que está en

---

[1] «Liturgia e vita spirituale» (1978), en *Preghiera, mistica e liturgia,* Centro Ambrosiano-Glossa, Milán 2017, 78.

el seno del Padre, es quien lo ha dado a conocer», escribe Juan en el prólogo de su evangelio (Jn 1,18). El libro del Apocalipsis, que cierra el canon de las Escrituras cristianas, comienza con una sorprendente visión que parece hacerse eco de la vocación del primer Isaías (cf. Is 6,1-13), y en la que aparece «como un Hijo de hombre»:

Me volví para ver la voz que hablaba conmigo, y, vuelto, vi siete candelabros de oro, y en medio de los candelabros como un Hijo de hombre, vestido de una túnica talar, y ceñido el pecho con un cinturón de oro. Su cabeza y sus cabellos eran blancos como la lana blanca, como la nieve, y sus ojos como llama de fuego. Sus pies eran semejantes al bronce bruñido incandescente en el crisol; y su voz como rumor de muchas aguas. Tenía en su mano derecha siete estrellas; y de su boca salía una espada aguda de doble filo; su rostro era como el sol cuando brilla en su apogeo (Ap 1,12-16).

Una escena tan llena de sensaciones, expresada en los tonos barrocos de la literatura apocalíptica, recuerda inmediatamente al oyente familiarizado con la Escritura aquel momento mágico que los sinópticos describen como una «transfiguración» (cf. Mc 9,2-8 par.), pero aún más los relatos de la aparición del Resucitado, esparcidos aquí y allá en los cuatro evangelios, en los que Jesús aparece bajo la luz de lo irreconocible. Jesús se presenta en calidad de Cristo, vivo y tranquilizador. «Paz a vosotros», dice en Lucas y Juan (Lc 24,36; Jn 20,19.26). El largo relato visionario del Apocalipsis nació destinado a los cristianos de las siete Iglesias de Asia Menor, que necesitan tranquilizarse, pues se encuentran confundidos por el clima de hostilidad que los golpea por todos lados, poniendo en duda esa promesa que se había consolidado como un inquebrantable artículo de fe: «Tened valor: yo he vencido al mundo» (Jn 16,33). En cambio, el mundo parece prevalecer, con la fuerza de sus potencias, sembrando incertidumbres repletas de tentaciones. El pueblo de la antigua alianza, en la soledad del desierto y sin agua, había dado voz a la recriminación: «¿Está el Señor entre nosotros o no?» (Éx 17,7). Con similar desconcierto, los cristianos, abrumados por el rechazo persecutorio del mundo, tienen a flor de piel la misma duda, proyectada esta vez en la solemne garantía de Jesús: ¿Cristo ha vencido al mundo o no?

Así, el Apocalipsis, el libro de la revelación, se abre haciendo aparecer a Jesús en su gloria como Cristo, estable sobre dos pies esculturales que, a diferencia de la «gran estatua» del libro de Daniel, imagen de un poder ilusorio, no tiene pies de barro (cf. Dan 2,32), sino de «bronce bruñido incandescente en el crisol», señalando un poder pleno y fiable. Se hará balance de la situación, parece decir el libro, revelando la lógica aparentemente tortuosa de la historia, pero lo primero debe ser recordar que Cristo está presente, señorial y victorioso. Jesús no se ha desvanecido en una vaga niebla de olvido, sino que está plenamente presente en su dignidad de Cristo de Dios, elevado a la dignidad suprema de un sacerdocio universal. Pero ¿dónde experimentar esta presencia? ¿Dónde podemos ver a aquel que sigue siendo invisible para nosotros? ¿Dónde buscar al Maestro que nos falta?

Liturgia, lugar de la presencia

En la escena del Apocalipsis, atronadora y solemne, el vidente deja escapar un detalle que en realidad suena como una indicación perfectamente inteligible para los destinatarios de su libro, cuando dice que tuvo la visión «arrebatado en espíritu», es decir, raptado en éxtasis, «en el día del Señor» (Ap 1,10). «El día del Señor», sustituyendo al «primer día después del sábado», es el nombre del día dedicado a la oración común y a la fracción del pan. Esa experiencia de visión se presenta como un momento que surge en el contexto de la oración semanal. *Es en la Liturgia donde el Señor está entre nosotros,* parece asegurar este comienzo del Apocalipsis, de manera similar a lo que sugieren todos los relatos de apariciones de los cuatro evangelios, en los que el desarrollo de los acontecimientos recuerda el esquema de una Eucaristía.

La página de Emaús, como sabemos, es la más paradigmática en la aplicación de este principio (cf. Lc 24,13-35). En la organización en quiasmo del relato, que comienza con una huida y termina con un regreso, los dos actos principales de la trama son la larga enseñanza bíblica impartida por Jesús a los dos discípulos y su revelación en medio de la cena, los núcleos fundamentales de lo que a todos los efectos constituye ya el nuevo rito cristiano. En la Liturgia, el Señor Jesús se manifiesta en su presencia, respondiendo a la oración del discípulo, cuyo corazón ha calentado la Escritura: «Quédate con nosotros, porque atardece y el día va de caída» (Lc 24,29).

En el espíritu de Cristo

En el evangelio de Juan hay capítulos con una construcción enredada y un significado abstruso, especialmente los que van del trece al diecisiete, que, cuando los escuchamos, a nuestros oídos modernos parecen escritos por James Joyce; se trata de un largo flujo de conciencia en el que Jesús dicta los términos de un testamento espiritual que, de momento, resulta un tanto ambiguo para sus destinatarios, y

37

que solo la posterior meditación evangélica debió de permitirles enfocar. En el largo discurso que se pone en boca de Jesús, a modo de monólogo, ambientado durante la Última Cena, la preocupación apremiante parece ser la de elaborar el duelo de la inminente ausencia, un espectro que amenaza la pretensión de perennidad de los vínculos humanos. «He ejecutado un acto irreparable, he establecido un vínculo», escribe Jorge Luis Borges en el verso fulminante de un poema titulado «El tercer hombre»[2].

Amarga ironía en las páginas del texto, el interrogante tiene, en cambio, el sabor de la última cuestión del evangelio, donde Jesús piensa en el tiempo, ya cercano, en el que su presencia histórica dejará de estar accesible. Allí domina el tono tranquilizador. El término «permanecer» se repite con conmovedora regularidad. Es aquí donde resuena la declaración que se ha convertido en una cuestión para los destinatarios del Apocalipsis: «Yo he vencido al mundo» (Jn 16,33). En este momento de extrema intensidad testamentaria, que los sinópticos concentran en la síntesis de una crónica, el relato del evangelio de Juan se amplía para hacer explícitas y perceptibles las conmovedoras entonaciones afectivas de cualquier momento de despedida, atroces y al mismo tiempo dulces, sobre todo

---

[2] J. L. BORGES, *La cifra*, Alianza Editorial, Madrid 2000.

cuando sobre él se cierne la sombra de la muerte y la separación promete ser radical. En este contexto, de situaciones y de sentimientos, Jesús eleva una oración, «levantando los ojos al cielo» (Jn 17,1), en dirección a Dios, a quien invoca con el nombre de «*Abbá*», implorando un acto definitivo de tutela para todos los que le han sido entregados, «para que sean uno como nosotros» (Jn 17,11).

Pero antes hace aparecer a un nuevo protagonista, al que llama «Consolador» («Paráclito», en el griego del evangelio), una nueva forma de presencia no ya física, que hemos aprendido a llamar «Espíritu Santo», el cual surge una vez que el Cuerpo ha desaparecido para mantener vivas las intensidades afectivas que ha generado y encender grados de comprensión que solo con la ausencia parecen poder activarse. También nosotros, en nuestra pequeñez de seres terrenales, sentimos que ningún cuerpo amado deja simplemente un vacío, sino más bien la estela de un espíritu, un vínculo irreductible, que nos impide eliminar simplemente los efectos de la relación (¡ojalá!, no tendríamos que sufrir), sino que aún nos hace amar y comprender mejor, haciéndonos sensibles al verdadero peso que una presencia ha revelado precisamente en el momento en que ha creado la huella de su ausencia.

También Jesús deja su Espíritu, en el que los sentimientos no se apagan y se agudiza el entendimiento, y en el que se nos da la oportunidad de permanecer en él, no de escapar de sus vínculos, que nos introducen en los afectos de Dios, un privilegio que ningún sacrificio podría haber producido jamás y una condición que ningún sacerdote habría podido nunca fomentar. *En el Espíritu de Jesús, Cristo de Dios, que se ha quedado para completar un encuentro terrenal, como en un líquido amniótico en el que un feto habla ya con su madre, nosotros somos familiares de Dios, en la gracia de poder permanecer orientados hacia Él, mediante los sentimientos y pensamientos del Hijo, que se ha hecho nuestro hermano.* Como en la iniciación psicoacústica que todos experimentamos en el seno materno, sin poder recordar realmente nada de ello, «hablamos» con Dios *en el Espíritu* del Señor Jesús, un gemido que nos transporta incluso cuando nuestro deseo es vago y no sabemos exactamente qué queremos.

Este Espíritu, quintaesencia del pensamiento y del sentimiento de Jesús, nos enseña a dirigirnos a Dios con términos afectuosos, sin miedo y sin complejos, pero con la naturalidad que solo puede darse en la intimidad. Es san Pablo el gran maestro de esta condición «espiritual» de nuestro ser en Dios a través de Jesús: «Dios envió a nuestros corazones el Espíritu de su Hijo, que clama: "¡Abbá, Padre!"» (Gál 4,6), dice de manera asombrosa escribiendo a los gálatas. Y a los romanos les dice: «Habéis recibido un Espíritu de hijos de adopción, en el que clamamos: "¡*Abbá*, Padre!"» (Rom 8,15). Con estas frases Pablo insinúa también entre líneas la idea de que la oración cristiana nunca ocurre en un solo sentido, de nosotros a Dios, sino que es la expresión de una relación recíproca en la que hemos sido admitidos en virtud de la historia del Hijo Jesús, un hombre como nosotros. Es, por tanto, en su Espíritu donde nosotros, habiendo abandonado las antiguas economías religiosas de oráculos y sacrificios, podemos hablar directamente con Dios.

En el Cuerpo del Señor

El Señor Jesús permanece en la forma de su Espíritu, en el que llamamos a Dios «*Abbá*». Pero cuidado, no debe confundirse este «ser Espíritu» con algo totalmente inmaterial, incorpóreo, desencarnado, como si Jesús, una vez concluida su vida terrena, se hubiera liberado, como de un fardel, de su carne humana para volver a un estado etéreo, abstracto, intangible e insensibilizado, como imaginamos nosotros la condición de lo divino. Esta idea ha sido la tentación de muchas corrientes de los primeros siglos, muy incómodas con la novedad cristiana de la Encarnación, convencidas de tener que proteger la «divinidad» de Cristo quitando importancia a la «humanidad» de Jesús. Esta idea está muy cerca de una visión gnóstica de la realidad, en la que el plan divino solo puede alcanzarse deshaciéndose radicalmente de lo terreno y en la que los seres humanos pueden buscar su plenitud en la liberación de su condición corporal (¿veis aquí la relación con muchas tradiciones místicas de la espiritualidad medieval y con el misticismo orientalista que tan insistentemente atrae a nuestra cultura posmoderna?).

Pero, milagrosamente, el cristianismo levantó enseguida barreras insuperables ante esta tentación, rechazándola por todos los medios y apoderándose del lenguaje de la filosofía griega para abogar por una convicción totalmente diferente: *el hecho de que el destino mutuo de lo espiritual y lo sensible pertenece desde el inicio al* proprium *de la vida divina,* que no es un súper ser metafísico eternamente impasible y ajeno, sino un acto permanente de la generación[3]. En los relatos de aparición, Cristo resucitado se presenta mostrando sus llagas, distintivo de un cuerpo real, a pesar de la transformación fenoménica. El Cuerpo de Jesús no se disuelve en el ácido de su divina transfiguración, sino que sigue siendo parte integrante de él, definiendo el rasgo increíble de la «humanidad de Dios». Desde esta perspectiva, el dogma más relevante de esta inédita idea cristiana

---

[3] Cf. P. Sequeri, *Il grembo di Dio,* Città Nuova, Roma 2023.

de Dios es el de la Ascensión, narrado en los evangelios e inspirado en un género literario muy difundido, pero adecuado para evocar, en el lenguaje del mito, la idea de que la carne del Hijo, como una «primicia», dirá san Pablo (1Cor 15,20.23), es acogida con naturalidad en la condición de Dios-*Abbá*, paso acogedor para la redención universal de los cuerpos. Se trata de un intercambio de dones fundado en el seno de las creativas relaciones divinas (generador, generado, generación, diría Agustín). En la dimensión divina no puede haber cuerpo, sino en la generación del espíritu (creación); en la condición humana solo puede haber espíritu donde actúa un cuerpo (Encarnación). El Señor Jesús permanece en la forma de su Espíritu, aunque sea inseparable de su Cuerpo.

Pequeño paréntesis sobre una consecuencia radical

El hecho de que, por medio de Jesús, una vida humana quede por primera vez, y para siempre, establecida en la vida divina, niega que la condición sensible y afectiva de los seres humanos sea incompatible con la esencia más profunda y verdadera de Dios, que es en sí misma una circulación de afectos, disponibilidad a la generación y exposición a la alteridad. De manera que en Dios pueden habitar definitivamente la condición sensible y encarnada del hombre, incluidos sus rasgos dramáticos y sus implicaciones trágicas, sin que esto pueda parecer una contradicción. Incluso la carne humana y su finitud, la libertad y sus tensiones, la contingencia y sus límites o la finitud y sus efectos son condiciones que no nos separan de Dios, sino al contrario, vividas plenamente por Jesús, son ahora también, si se puede decir, experiencias que Dios tiene en común con las mujeres y los hombres de esta tierra. Por eso, en la oración, momento real de esta comunión, puede encontrar cabida todo el espectro de sus experiencias, incluidos los lamentos por las adversidades incurables de la vida, los gritos de desesperación, la consternación, el desconcierto, la rebelión, el desencanto, la protesta, la súplica, la pregunta acongojada, incluso la blasfemia. Algunos de los textos más formidables de la Biblia ya habitan audazmente este espacio: Job, que no puede tolerar respuestas fáciles a su dolor; Qohélet, que mira el mundo con relativismo; el Cantar, en el que todo, especialmente el amor, es una búsqueda continua de lo que no hay. Y luego los Salmos, en los que la carne viva de las heridas humanas se convierte en palabra ardiente que, desde el abismo de la desgracia y el lecho del dolor, se eleva hacia Dios con sinceridad cortante, a menudo imprecatoria. *De profundis clamavi*… La carne de Jesús, injertada para siempre en la vida de Dios, hace de este magma humano el lugar más crucial de nuestra oración, la experiencia en la que hasta Dios es puesto a prueba por nuestro deseo herido.

«Haced esto en conmemoración mía»

El mismo Jesús, mientras anuncia la presencia inminente del Espíritu, en la misma circunstancia entrega el mandato que *mantiene activa la realidad de su Cuerpo*, reescribiendo personalmente el sentido del sacrificio, e instituyendo esta transformación en un nuevo rito entregado a la memoria de sus discípulos por venir. La ocasión es la de una cena pascual, según las prácticas típicas de las costumbres rituales judías[4]. Los gestos de la «Última Cena» proceden de la interpretación de algunos momentos del ritual judío, normalmente semanal, pero que también tenían lugar en la vigilia de las fiestas más importantes.

Jesús «transgrede» al menos tres puntos de este canon ritual. El primero es el de la bendición a Dios elevada por quien preside en el momento de presen-

---

[4] Cf. L. BOUYER, «La prima eucaristia nell'ultima cena», en *La Bibbia e il Vangelo*, Qiqajon, Magnano 2007, 303-319 (trad. esp.: *La Biblia y el evangelio*, RIALP, Madrid 1977).

tar el pan. Aquí Jesús añade «esto es mi Cuerpo» (Lc 22,19; 1Cor 11,24). El segundo es cuando se pasa la última copa, para la bendición final de toda la comida, el «cáliz de la bendición», que Jesús indica como su propia Sangre para la nueva alianza (cf. Mc 14,22-25 par.). El tercero se refiere a la ablución ritual que el más joven de los asistentes debía realizar en nombre de los invitados. También aquí Jesús asume él mismo el gesto, lavando los pies de todos, desconcertados por esta iniciativa, que en Juan sigue siendo el acto eucarístico por excelencia (cf. Jn 13,3-5).

Estas tres «transgresiones», de las cuales la institución litúrgica posterior ha canonizado especialmente las dos primeras, tienen muchas implicaciones teológicas, pero lo que aquí nos interesa es el hecho de que están concebidas *para mantener activa, aunque sea con la mediación del signo, la relación corporal con el Espíritu de Jesús:* «Haced esto en conmemoración mía», ordena al final el Maestro, sabiendo que así establece el referente simbólico necesario de una corporalidad indispensable para permanecer en su presencia de espíritu.

Además, la meditación evangélica, que ya es lenguaje litúrgico, trae consigo la intimación «el que come mi carne y bebe mi Sangre, tiene vida eterna» (Jn 6,54), principio que impide imaginar una plenitud de la relación con Dios como un mero salto hacia lo inmaterial, de una sustracción de los elementos de la vida en dirección a lo que sería más puro, porque es también más incorpóreo. Ningún espíritu actúa excepto donde se mueve un cuerpo. Es en esta mediación simbólica del *Cuerpo espiritual del Señor* donde tiene su eficacia y fundamento la ambición más genuina de la oración cristiana, que si alaba, pide, gime y espera, es siempre *desde dentro de las relaciones garantizadas por Jesús*, de una vez por todas, y que tienen en la Liturgia el momento humano más alto, más verdadero y más real. Nosotros oramos en el Cuerpo del Señor, *porque* estamos en el Cuerpo del Señor.

3
En el «nosotros» de la Iglesia

Una ausencia que une

El espacio primordial de la oración cristiana es el del «nosotros». «Donde dos o tres están reunidos en mi nombre, allí estoy yo en medio ellos», había garantizado Jesús, según las palabras de Mateo (Mt 18,20). Esta promesa comienza a ser válida ya en ese «nosotros» que se constituye cuando «estaban los discípulos en una casa, con las puertas cerradas por miedo a los judíos» (Jn 20,19), todavía un momento de oscuridad, lleno de ese desconcierto que podría expresarse en el mejor de los casos solo con las palabras del salmista, que grita confundido: «Si no me escuchas, seré igual que los que bajan a la fosa» (Sal 28), perseguido por un deseo que ya no ve su objeto.

Desde estas profundidades comprendemos, mejor que en otras partes, lo que Michel de Certeau quiere decir cuando explica que Jesús nunca deja de ser «el que falta», «en el sentido amoroso del término»[1]. «Faltar» significa estar en el enigma de la ausencia y, al mismo tiempo, estar dominados por el dinamismo del deseo. No estás, luego te deseo. ¿No surge de aquí el primer impulso de la oración, incluso la que no es consciente de serlo? «Señor, si te lo las llevado, dime dónde lo pusiste y yo lo recogeré» (Jn 20,15), suplica María Magdalena, corriendo de un lado para otro, agitada como la mujer del Cantar de los cantares, buscando a su amado. Cuando el «amado» se revela, la envía a los «hermanos», al doliente «nosotros», que aprenderá a escapar del negro hechizo de la ausencia. Una ausencia que une. Juntos, los discípulos aprenderán después a descifrar instrucciones recientes, pero aún no comprendidas: «Donde dos o tres están reunidos en mi nombre, allí estoy yo en medio de ellos» (Mt 18,20); «Haced esto en conmemoración mía» (Lc 22,19; 1Cor 11,24).

Un rito hecho en casa

El espacio primordial de la oración cristiana es el del «nosotros». El lugar cerrado «por miedo a los judíos» se convierte en la «sala superior» (He 1,13) donde los discípulos comienzan a vivir jun-

---

[1] *Mai senza l'altro*, Qiqajon, Magnano 1993, 15.

tos y «perseveraban unánimes en la oración» (He 1,14). Una escena ciertamente idealizada, como la que se esboza algunos capítulos más adelante (cf. He 4,32-35), toda armonía y comunión. Pero, sin duda, es realmente paradigmática. En esta asiduidad, mientras se organizaba un movimiento apenas originado, nace la Liturgia cristiana, verdadera matriz de la construcción eclesial. En el instructivo fresco pintado en el segundo capítulo de los Hechos (cf. He 2,42-47), en el que todos «perseveran en la enseñanza de los apóstoles», se dice que los creyentes «con perseverancia acudían a diario al Templo con un mismo espíritu, partían el pan en las casas y tomaban el alimento con alegría y sencillez de corazón». Estas dos referencias, la del Templo y la de las casas, establecen el recuerdo de un profundo arraigo de la nueva Liturgia cristiana en el terreno fértil de la liturgia judía, aunque con el escrúpulo de evitar las prácticas del antiguo sacrificio cruento. Nadie en la comunidad cristiana, que se organiza como tal en las primeras décadas de su propia historia, se había planteado dejar su pertenencia judía. Por eso, todos siguen acudiendo al Templo y se unen a los hermanos que asisten a las sinagogas.

No pretendo imponer aquí al lector una reconstrucción histórica completa de los momentos evolutivos que han generado la Liturgia cristiana, que se puede encontrar más útilmente en otros lugares. Sin embargo, es importante subrayar la deuda que tiene con su profundo e imborrable origen judío. A partir del siglo IV, después de Constantino, la Liturgia asumirá los rasgos solemnes que le imprimirá su asimilación a los ceremoniales de la corte imperial, haciendo que la misa parezca una audiencia grandiosa concedida al pueblo por un soberano celestial, sin que falten el incienso, las procesiones y las vestimentas solemnes de la jerarquía patricia. Pero ni siquiera esta transformación tendrá el poder de atenuar en el movimiento cristiano la huella de elementos provenientes directamente de la memoria judía. Son filtros hereditarios a través de los cuales, con las inevitables y decisivas calibraciones cristológicas, la Liturgia cristiana pudo formarse, asumiendo su más auténtico carácter de adoración «en espíritu y en verdad», una forma eminente de oración elevada «en el Cuerpo del Señor». Siento el deber de hablar brevemente de al menos tres elementos: la Escritura, la Asamblea y la Bendición.

El hablar de Dios con nosotros

«Desde el primer movimiento que marcó el nacimiento de la fe cristiana –escribe Paul Beauchamp–, los nuevos creyentes se constituyeron como herederos de la Biblia, del Antiguo Testamento»[2]. No podría haber surgido un Nuevo Testamento sino sobre los cimientos del «Antiguo».

Esta herencia, que no se obtiene simplemente eliminando todas las diferencias, no se vio comprometida ni siquiera con la desaparición de la comunidad judía. Al convertirse en guardián de este legado, el cristianismo no se ha limitado a hacer incorporaciones en un volumen determinado de contenidos escritos, compuesto de mitos, historias, oraciones y profecías, sino que, sobre todo, ha permanecido en la estela del proceso particular que ha desembocado en la certificación escrita de la Revelación. Incluso la Escritura cristiana, determinada por el punto de inflexión constituido por Jesús, surgirá de las mismas condiciones «dramáticas» en las que se configuraron las judías, según la misma lógica y con la convicción de evolucionar en dirección a su verdad última. Lo que se llama «cumplir las Escrituras». En estas condiciones hay también algo muy conmovedor.

Los grandes especialistas del Antiguo Testamento coinciden hoy en la convicción de que el momento fundamental de su redacción coincide con los atormentados acontecimientos vividos por Israel durante el siglo VI a. C. Los babilonios invaden Jerusalén, destruyendo el Templo, suprimiendo el sacerdocio

---

[2] P. BEAUCHAMP, «Essere heredi della Bibbia. Il trait d'union ebraico-cristiano», en *Testamento biblico*, Qiqajon, Magnano 2007, 67.

y deportando a Babilonia al componente más vital de la población, en lo que puede considerarse el antiguo Holocausto de los judíos. Ha vuelto la esclavitud y el faraón parece haberse vengado. En este momento de extrema desolación, en el que a los deportados se les pide burlonamente: «Cantadnos un cantar de Sion» (Sal 137,3), privado del Templo y del sacrificio, Israel inicia las obras que permitirán la construcción del gran edificio de la Escritura, un templo portátil de los hijos de la alianza. Marcel Proust comparará un día su obra con una catedral; Israel, antes que él, hizo de la Escritura un templo. Por tanto, se convierte en el lugar de culto. Pero aún más. Su paciente construcción constituye un lugar de encuentro imprescindible.

La Escritura nace como diálogo y la oración es su aliento secreto. También aquí Israel se pregunta: «¿Está el Señor entre nosotros o no?» (Éx 17,7), comprendiendo quizá solo entonces el verdadero sentido de esa súplica expresada en términos de rencor. El antiguo éxodo, el que una vez, por generaciones y generaciones, se contó oralmente, es repensado a la luz del nuevo, enfocado en el resplandor de una verdad más clara, esta vez remeditada en la Palabra escrita, más parecida que la voz a la estabilidad de un templo. La Escritura es una mirada continua hacia atrás, desde el punto al que se ha llegado, un decir y repetir, un escribir y reescribir, porque la revelación de Dios en la historia es imprevista a partir de las palabras con las que los hombres hablan de la experiencia que tienen de ella.

En un hermoso y fundamental librito sobre la Escritura, Paul Beauchamp, haciéndose eco de la *Dei Verbum*, escribe que «la Biblia es palabra de Dios y palabra del hombre»[3]. Esta conjunción «y» tiene un valor decisivo. La Escritura no funciona como un dictado, sino como un diálogo, en el que Dios habla con hechos, y el hombre interpreta la Palabra, consciente de pronunciarla de manera siempre inadecuada. Por eso la Escritura, hasta que llega un trecho final que traza la línea del canon, es una incesante repetición, una «deuterosis», como diría Beauchamp con una palabra difícil, un tener que repetir siempre *a posteriori* lo ya dicho, reescribir y releer, para ampliar los huecos de claridad y disipar los del equívoco. Pierangelo Sequeri lo dice de un modo que hace que comprendamos bien lo que está en juego en este proceso: «Un lenguaje absoluto de Dios, una historia pura de Dios –es decir, ajena a las modalidades históricas del lenguaje humano y de la condición humana– no está disponible por definición... La palabra de Dios se da siempre con palabras nuestras y *después* en la autocrítica de nuestras palabras»[4]. El canon bíblico, a partir del

---

[3] *Parlare delle Scritture sacre*, Vita e Pensiero, Milán 2022, 8.
[4] *Iscrizione e rivelazione*, Queriniana, Brescia 2022, 147, 243.

Antiguo Testamento, es el fluir de una Palabra que incesantemente vuelve sobre sí misma.

Un Testamento tras otro

Fiel a la lógica del Antiguo, el Nuevo Testamento surgió de la misma manera. Un «vacío» similar, como no para de recordarnos el relato de Emaús, deja lugar al nuevo edificio del Evangelio. El Jesús ausente por la muerte debe encontrarse en la presencia de Cristo, sin procesos alucinatorios ni de sublimación, sino en el relato que, retrocediendo en el tiempo, «relee» todo el acontecimiento bajo un criterio nuevo y siempre antiguo: «¿No era necesario que el Mesías padeciera esto y entrara así en su gloria?» (Lc 24,26). La meditación sobre el «éxodo» de Jesús, que atraviesa todos los pasajes aparentemente conocidos «comenzando por Moisés y siguiendo por todos los profetas» (Lc 24,27), reinterpreta el antiguo éxodo como algo que se renueva, trayendo aún una alianza, que esta vez es nueva, en el sentido de *definitiva*. «Dios habla en dos tiempos», escribe también Paul Beauchamp[5]. No porque diga cosas diferentes, sino porque el hombre las hace suyas en el movimiento de lo que cambia.

---

[5] BEAUCHAMP, *Parlare delle Scritture...*, o. c., 54.

Es una regla que se puede llamar «general». Siempre ha encontrado su sitio de desarrollo dentro del contexto de la oración unida al culto. El descubrimiento del libro de la Ley bajo el reinado de Josías, relatado con sincera emoción (cf. 2Re 22-23; 2Cor 34-35), se presenta como un descubrimiento accidental, pero su reapropiación se presenta como un momento de oración colectiva solemne. El verdadero «redescubrimiento» es el de su *significado*. También esto es un paradigma. Muchas tradiciones orales, e incluso algunas escritas, se forman en torno a la memoria de Jesús, pero su síntesis, como testimonio de la profesión de fe, viene dada por el contexto de la Liturgia. Muchos de los textos que encontramos en san Pablo, fruto casi inmediato de la meditación postpascual de la Iglesia y que preceden a las ya precoces cartas del Apóstol, nacieron como himnos destinados a la oración (cf. 1Cor 13,1-13; Flp 2,6-11; Ef 1,3-14; Col 1,13-20).

Estos himnos paulinos son el testimonio más tangible de que la Escritura y la Liturgia nacieron juntas, una en la lógica de la otra. Desde el principio, en las «reuniones» de los cristianos, retomando el esquema de los ritos sinagogales y antes de la fracción del pan, se asimila el *corpus* del Antiguo Testamento como base de la enseñanza de los apóstoles, que lo releen en una clave cristológica, sentando las bases de lo que serán los evangelios. Los Salmos siguen siendo canon de la oración, perfectamente integrados en la nueva Liturgia. Las cartas intercambiadas entre las Iglesias, especialmente las de origen apostólico, se leen durante la Liturgia, adquiriendo la importancia que prepara su entrada en el canon del Nuevo Testamento. Este último, en definitiva, se forma con relativa progresión en el contexto de la oración litúrgica, adquiriendo esa consistencia de *corpus* literario autorizado a tener valor como voz del Cuerpo del Señor. «La Iglesia ha venerado siempre las Sagradas Escrituras al igual que el mismo Cuerpo del Señor, no dejando de tomar de la mesa y de distribuir a los fieles el pan de vida, tanto de la palabra de Dios como del Cuerpo de Cristo, sobre todo en la Sagrada Liturgia» (DV 21). Nacida del murmullo meditativo de la oración, la Escritura, particularmente en la Liturgia, sigue siendo un lugar esencial de oración, una parte integral del Cuerpo desde el que habla el Señor.

La primacía de la asamblea

A partir del siglo II, algunos intelectuales cristianos deben convertirse en *apologistas* para defender la reputación de un cristianismo que es considerado como una secta de bajo nivel por la filosofía de la época. Objeto de rehabilitación son también las

nuevas formas de culto, tergiversadas y chismo-
rreadas. A uno de estos apologistas se le debe una
aclaración que nos ayuda a entender muy bien la
diferencia cristiana en términos de culto. Se trata
de Marco Minucio Félix quien, en una obra titulada
Octavio, escrita en forma de diálogo, quiere precisar:
«Nosotros no tenemos ni templos ni altares, sino
asambleas y mesas» (10,2). Nadie ha expresado
nunca con tanta concisión el paso de los antiguos
cultos templarios, sacrificiales, cruentos e individuales, al nuevo culto cristiano, que ya en el origen
civil del término «liturgia» lleva consigo el sentido
de un gran cambio.

«Liturgia» era el vocablo que designaba simplemente acciones colectivas, de significado civil
y público, por tanto tenía un sentido profano. El
culto antiguo se desarrolla en los alrededores del
templo, en el que un sacerdote delegado sacrifica
de manera cruenta una víctima en nombre de otra
persona, haciéndolo todo sobre un altar que tiene
cuatro cuernos para dejar escurrir la sangre. También en el Templo de Jerusalén, donde un día Jesús
hizo saltar los puestos de los cambistas, es así como
funciona. En la nueva Liturgia cristiana todo sucede
en presencia de una «mesa» en la que se renueva
el sacrificio de Cristo, consumado de una vez por
todas, y en un espacio adecuado para la asamblea
de los fieles.

Estas amonestaciones de Minucio Félix, que apuntan al debate con el mundo grecorromano, dejan en la sombra el hecho de que ya la tradición judía lleva consigo una concepción bastante madura de la reunión asamblearia, que en el fondo la Liturgia cristiana no hace más que recibir. «*Qahal*» es el término con el que el hebreo del Antiguo Testamento indica la *reunión* que congrega al pueblo, enfatizando el carácter de la *convocatoria*, que hace de la reunión el *producto de una invitación* más que el resultado de una reunión autoelecta. El principio activo de la unidad, en la que el pueblo se siente reunido, es Dios, quien llama a su alianza. En tiempos de Jesús, es el culto sinagogal el que hace operativamente habitual este principio, y es de ahí de donde la joven comunidad «del camino» extrae ese rasgo que, en el nuevo espíritu cristiano, se llama «*Ecclesía*». Siguiendo las huellas de este legado, pueden encontrarse en la Carta a los efesios palabras que, para la antigua lógica de las formas religiosas, serían más que chocantes:

Así pues, ya no sois extranjeros ni forasteros, sino conciudadanos de los santos, y miembros de la familia de Dios. Estáis edificados sobre el cimiento de los apóstoles y profetas, y el mismo Cristo Jesús es la piedra angular. Por él todo el edificio queda ensamblado, y se va levantando hasta formar un templo consagrado al

Señor. Por él también vosotros entráis con ellos en la construcción, para ser morada de Dios, por el Espíritu (Ef 2,19-22).

El autor de la primera Carta de Pedro es, si cabe, aún más atrevido: «Acercándoos a él, piedra viva rechazada por los hombres, pero elegida y preciosa para Dios, también vosotros, como piedras vivas, entráis en la construcción de una casa espiritual para un sacerdocio santo, a fin de ofrecer sacrificios espirituales agradables a Dios por medio de Jesucristo» (1Pe 2,4-5). El principal lugar cristiano de culto no es, por tanto, el Templo, sino la misma asamblea de los creyentes, la comunidad que celebra, el segundo Cuerpo humano del Señor, por así decir. Ella es el verdadero templo en el que, en forma de signo y con la fuerza del Espíritu, el Señor Jesús se hace vivo y presente en su dignidad de Cristo.

El pueblo santo, lugar de la presencia

El rasgo decisivo de esta prerrogativa es precisamente el hecho de que en la asamblea, a diferencia de otros momentos más individuales de la vida cristiana, Cristo activa su presencia, heredera directa de la *Shekhinah* judía, que daba imagen a la morada construida por el pueblo en medio del desierto. A propósito de ese lugar especial, en Éx 33, se dibuja una escena muy sugerente que tiene rasgos casi conmovedores: «Cuando Moisés salía en dirección a la tienda, todo el pueblo se levantaba y esperaba a la entrada de sus tiendas, mirando a Moisés hasta que este entraba en la tienda. En cuanto Moisés entraba en la tienda, la columna de nube bajaba y se detenía a la entrada de la tienda» (Éx 33,8-9). Algo grandioso anima esta escena. La mirada de todos se concentra idealmente en el acto de uno solo en un momento de silenciosa emoción general. Pero el pueblo permanece fuera de la tienda. Solo Moisés está ante Dios.

El pueblo de la nueva alianza, reunido como *Ecclesía,* se constituye en sí mismo como un «edificio espiritual», en el que la antigua mediación de Moisés, llevada a cumplimiento por la definitiva del Señor Jesús, se disuelve, por así decir, en la prerrogativa cristiana de no tener ya que necesitar mediación alguna, participando todos de la de Cristo. En el Cuerpo del Señor estamos asociados a su mismo sacerdocio, que nos permite estar ante Dios con la serena y conmovida dignidad de los hijos. La Plegaria Eucarística II, que hace referencia a un texto muy antiguo vinculado a la *Traditio apostolica* de Hipólito, también en la reciente traducción transmite muy bien el significado de esa prerrogativa:

Al celebrar ahora el memorial de la muerte y Resurrección de tu Hijo, te ofrecemos el pan de vida y el cáliz de la salvación, y te damos gracias porque nos haces dignos de servirte en tu presencia.

En su versión, Hipólito prescribe la fórmula que dice: «Recordando, pues, su muerte y su Resurrección, nosotros te ofrecemos el pan y el cáliz y te damos gracias por habernos juzgado dignos de estar en tu presencia y de servirte». «¡Ojalá todo el pueblo del Señor recibiera el espíritu del Señor y profetizara!», dice Moisés, enfadado por las calumnias de algunos en Núm 11,29. «Derramaré mi Espíritu sobre toda carne –reitera el profeta Joel casi en el otro extremo del Antiguo Testamento–, vuestros hijos e hijas profetizarán, vuestros ancianos tendrán sueños y vuestros jóvenes verán visiones. Incluso sobre vuestros siervos y siervas derramaré mi espíritu en aquellos» (Jl 3,1-2). En la nueva *Ecclesía* del Evangelio, esta profecía se realiza, haciéndose efectiva por la presencia del Señor Jesús, que asocia su pueblo a la dignidad de su Cuerpo glorioso.

La asamblea de los creyentes, especialmente cuando se reúnen para hacer el memorial del Señor, es, pues, el momento más álgido de la oración cristiana, donde todos pueden dirigirse a Dios en el Cuerpo del Señor, presente mediante su Espíritu, una real inmersión en las dinámicas de la vida trinitaria. Este es el momento en el que máximamente se puede estar en la presencia de Cristo y ante Dios, envueltos por el Espíritu, experiencia que es matriz de una familiaridad de la que deriva cualquier otra forma de oración.

Dando gracias a Dios: herencia e inventos

El librito de la *Didaché,* o *Doctrina de los doce apóstoles,* una pequeña obra de disciplina cristiana que habría podido entrar también en el canon y que fue escrita en un ambiente oriental poco antes o poco después del siglo II d. C., comprende un importante conjunto de instrucciones que son el testimonio más antiguo de la vigilia eucarística dominical en sus inmediatos desarrollos postapostólicos. Es el texto más antiguo que tenemos de una misa. Han pasado poco más de sesenta o setenta años desde los trágicos acontecimientos de la muerte del Señor, pero el canon de la oración cristiana, en sus articulaciones esenciales, parece ya formado, incluida la Eucaristía, que representa su momento más álgido. Lo que los estudiosos destacan es el profundo vínculo que esta nueva oración cristiana, que tiene la Eucaristía como cumbre, mantiene con el culto judío tradicional, en sus múltiples formas, individual, familiar y comunitario. En el librito de la *Didaché* se recogen tres plegarias eucarísticas, que son claramente colaterales con las solemnes bendiciones de la comida judía. Se aceptan fórmulas de origen judío, oportunamente retocadas en sentido cristológico. Las plegarias eucarísticas, corazón de la misa, provienen de las bendiciones judías.

En el contexto de esta herencia esencial, el término *«berakah»*, que significa «bendición», se recibe en la palabra *«eucharistía»*, que desplaza el significado de esta palabra hacia el sentido de «acción de gracias». Aunque se pone en boca de las personas designadas para ese cargo, este corazón de la oración litúrgica está formulado rigurosamente en primera persona plural. A diferencia del Credo, que prevé un «yo» como sujeto de lo que es una declaración, la plegaria eucarística se expresa con el «nosotros», que tiene como sujeto a toda la asamblea, aunque sea solo uno quien proclame en común.

El término «sacerdote», utilizado para indicar al individuo que ora en nombre de todos, debe considerarse en su mero uso coloquial, que necesita muchas distinciones. En la historia cristiana, en efecto, no han faltado momentos en los que se han vuelto a introducir elementos idealizados o sobreestimados del sacerdocio, típicos de una sacralidad que la Liturgia cristiana ha querido siempre superar. Durante siglos, el «sacerdote» ha vuelto a ser, de hecho, un mediador de lo sagrado a la antigua usanza. Al ser especial y estar separado, él era el único que podía manejar las cosas santas. No obstante, hoy bien sabemos que él no es el único que hace verdadera y válida la celebración –aunque su presencia es fundamental–, pues actúa en nombre de un «nosotros».

La lógica de lo sagrado, cuyas raíces antropológicas se hunden en profundidades que a duras penas controlamos, siempre está al acecho. El canon de la oración, sin embargo, está más atento que nosotros y en la palabra prescrita sostiene con firmeza lo que es decisivo. Luego nos recuerda que tal vez uno *preside,* pero todos *celebran.* Incluso el que está al fondo de la iglesia, escondido detrás del confesionario, y no lo sabe. El pueblo sacerdotal es también santo, no porque todos sean santos, en el sentido convencional del término, sino por ser parte de un organismo que la santidad de Jesús cualifica en su totalidad. *Supplet Ecclesía* se dice de esas situaciones en las que algo quita la dignidad a un sacramento o a una Liturgia, aunque sea la indignidad manifiesta del ministro.

Memoria y acción de gracias

En las bendiciones judías el motivo esencial de la alabanza se refiere a la grandeza de Dios y a su santidad, que no deja de manifestarse como beneficio para el mundo de los humanos en ocasiones y momentos que la oración debe recordar para tenerlos siempre presentes. «El Señor ha estado grande con nosotros» es un estribillo básico de la oración judía (Sal 126,3). En su libro sobre los Salmos, Paul Beauchamp escribe que «cuando se habla de sus acciones extraordinarias, de sus grandes momentos y de sus impactantes intervenciones en la historia, se habla siempre de ellas en tiempo pasado, porque en el presente ya no se ve nada parecido»[6]. La bendición también contiene la esperanza de que el pasado pueda repetirse. Del mismo modo, pero también con sus rasgos esenciales de originalidad, la oración sobre el pan y el vino de la Liturgia cristiana profesa el agradecimiento a Dios por lo que Jesús ha realizado, por el don de su misma existencia, humana y generativa ante todo, y por habérsenos revelado él mismo (y literalmente) como puerta de tránsito para la condición humana, que tiene todo el derecho de poder vivir con la divina.

En esta acción de gracias no se puede olvidar el acto supremo de su «dar la muerte». Jesús mismo ha dado el significado al gesto a repetir como futura memoria, poniéndose a sí mismo en el papel del cordero que los judíos sacrifican la noche de Pascua para revivir el éxodo, y poniendo pan y vino en lu-

---

[6] P. BEAUCHAMP, *Salmi notte e giorno*, Cittadella, Asís 1983, 13 (trad. esp.: *Los salmos noche y día*, Didaskalos, Madrid 2018).

gar de un animal, casi para replantear la concesión hecha por Dios a Noé después del diluvio: «Todo lo que vive y se mueve os servirá de alimento: os lo entrego todo, lo mismo que los vegetales. Pero no comáis carne con sangre, que es su vida» (Gén 9,3-4). Es ahora Jesús quien ofrece la carne con la sangre, lugar de la vida, y para todos, aunque bajo la forma de pan y vino. Es un regreso a los orígenes de la alianza. Una nueva relación con la tierra. En este gesto, en el que Jesús quiso incluir el sentido de su entrega incondicional, permanece el poder de reanimar los efectos de aquel acto de entrega, ocurrido en el pasado pero eficaz en todo presente. Es en este poder donde hay que buscar el verdadero «realismo» del momento eucarístico, que no se encuentra en la materia del signo, sino en la forma del acto que lo vivifica. Un equívoco que ha hecho de la oración una concentración escópica alternativa de la Liturgia.

4
En el signo del sacramento

La belleza del gesto

«Si la oración aspira al encuentro con Dios –escribe también Michel de Certeau en su fragmento sobre el hombre que ora–, la cita siempre se fija en la tierra del hombre, en la encrucijada de su cuerpo y de su alma»[1]. Uno de los lugares más densos de tal encrucijada es el gesto. Una mirada atenta puede persuadirnos de esta aparente paradoja: «El gesto es espíritu». El gesto no puede reducirse a ser un efecto mecánico dictado por una causa material, como podría hacernos pensar una actitud cientificista superficial: más en profundidad se revela cada vez como el «tener cuerpo» de la vida espiritual, como nuestra propia experiencia nos invita a verificar.

A este respecto, vale la pena citar algunas líneas de Cristina Campo, que, a decir verdad, debo a

---

[1] M. DE CERTEAU, *La debolezza del credere*, Vita e Pensiero, Milán 2020, 25 (trad. esp.: *La debilidad de creer*, Katz Editores, Madrid 2006).

la lectura de un estimulante artículo de Goffredo Boselli, y que parecen surgir precisamente de una reflexión sobre la Liturgia: «En este tiempo-en-el-tiempo de la ceremonia, el destino terrenal del sacrificado-sacrificador, de quien ofrece y es ofrecido, recibe y es donado, se vincula a eso del hombre que lo representa en una consumación de la que la teología nunca podrá decir más de lo que diga el más temible de los lenguajes: *la suprema belleza intelectual del gesto*»[2]. La «belleza del gesto» tiene un poder expresivo que ni siquiera la más alta teología puede intentar igualar. Esto depende de que el gesto, lengua madre del cuerpo, no se limite a indicar significados que están en algún otro sitio, sino que debe *realizar lo que expresa,* y además en su verdad más auténtica.

Tomemos, por ejemplo, el gesto de estrechar la mano como signo de amistad, cordialidad y estima. Semejante gesto, que da vida también a la imagen precisa de las dos manos que se encuentran en una perfecta conjunción anatómica, no se limita a *representar* la amistad, la cordialidad y la estima, como si existieran más allá del signo que las indica. Eso lo hace una señal de tráfico que indica que *más adelante* encontrarás un cruce. El gesto de estrecharse la mano hace otra cosa totalmente distinta, inmen-

---

[2] C. CAMPO, *Gli imperdonabili*, Adelphi, Milán 1987, 133 (trad. esp.: *Los imperdonables*, Siruela, Madrid 2020).

samente mayor. Precisamente en el hecho de producirse *realiza* la amistad, la cordialidad y la estima que se dan *en ese gesto*, sin el cual se quedarían en una idealidad sin existencia concreta. Precisamente esto es lo que quería decirle a doña Angelina, cuando trataba de tranquilizarla, contándole que estando de rodillas en la iglesia, o de pie mientras encendía una vela, estaba ya poniendo en práctica la actitud sincera de su oración, expresando en acción su verdadera relación con el Señor.

El cuerpo de la palabra

Los gestos constituyen ese entramado de actos sin los cuales la Liturgia no tendría su carácter ritual. Sin embargo, también se compone de muchas palabras. Incluso en el simple rito cotidiano de estrechar la mano como signo de amistad, de cordialidad y de estima, el gesto prescribe que se diga «mucho gusto», fórmula elemental de una liturgia de saludo. Mucho más estructuradas, aunque en última instancia sigan ligadas a la misma lógica, están las fórmulas que en la Liturgia acompañan los gestos del celebrante cuando levanta las manos durante la oración eucarística, palabras que dan una intención específica al tono de la oración, elevada en nombre de todos, evitando que caiga en la generalidad.

Expresándose en el «nosotros» que reúne a todos, esas palabras especifican el gesto de la oración como dirigido a Dios, a través de la presencia de Jesús, connotándola como acción de gracias.

Sin embargo, las palabras no son solo vocablos llenos de significado. *También las palabras tienen cuerpo.* Sí, también las palabras tienen cuerpo. Me refiero propiamente a la palabra pronunciada, oral, vocalizada, emitida, sonora, la que brota como vibración de un ser que habla y se da como gesto. También las palabras tienen cuerpo, y también las palabras son, de algún modo, gestos. La voz, la entonación y el sonido, componentes físicos y sensibles de la palabra pronunciada, son sus datos corporales esenciales, que constituyen no solo su medio de transmisión neutro y aséptico, sino su elemento decodificador fundamental. Lo que alguien quiere decir *de verdad,* lo entiendes sobre todo por *cómo* lo dice. Y también en este caso la capacidad de percepción de los sentidos humanos es asombrosa. «El oído es el ojo del alma», parece haber dicho Boris Pasternak. La palabra que se pronuncia, a diferencia de la que se escribe, tiene su campo de prueba en el cuerpo sonoro que la transmite, que a su vez es una forma sensible de la intención real con la que se emite. La palabra tiene algo de gesto; la *verdad de su significado* no coincide con la *precisión de su significado.*

El símbolo, experiencia originaria

La palabra es *performativa* tanto como el gesto es *expresivo*. La palabra actúa, el gesto habla. En su conjunción son los ladrillos de la *experiencia simbólica particular* que el sacramento utiliza como lugar de nuestro encuentro con el Señor. Pero sin entrar en los méritos de reflexiones demasiado complicadas, debemos especificar de la mejor manera posible qué entendemos por experiencia simbólica. Son los teólogos de la Liturgia quienes disipan para nosotros estos temas. Simplificando mucho, o mejor dicho muchísimo, y si no he entendido mal, sostienen la idea de que *si se quiere comprender el sacramento hay que pensar adecuadamente en el símbolo,* como experiencia originaria de los seres humanos, esa a través de la cual experimentan la realidad y su significado.

A pesar de los positivistas, convencidos de que la realidad se compone solo de hechos, y a pesar de los gnósticos, que están seguros de que esta se encuentra de verdad solo en los espacios de la vida mental, y también para corregir el significado habitual que en nuestra lengua común ha adquirido el término «simbólico», cabe decir que, cuando en nuestras conversaciones decimos que algo es *simbólico* queremos decir más o menos que *no es real,* o al menos que tiene menos realidad de la que debería, siendo una simple representación, o el sustituto *material* de algo que existe solo en una dimensión *espiritual,* una distinción que imagina los dos niveles, material y espiritual, separados por un abismo insalvable. Aplicada a la Liturgia, esta visión significaría más o menos que la misa es únicamente la representación de una relación que ocurre de verdad solo en una dimensión espiritual, entendida en el sentido de no concreta, no fáctica, solo inmaterial. Con todos sus signos, sería como esa señal de tráfico que indica un cruce que en realidad existe en otro lugar. Por cierto, ¿cuántas veces se habla un poco imprudentemente de la Liturgia y de la misa como de una acción simbólica que *luego debe llegar a ser verdadera y real en la vida?* ¿No estamos utilizando aquí una concepción muy débil de la experiencia simbólica, y también una idea muy pobre del sacramento?

El símbolo como acto

Bastaría interrogar a nuestra experiencia para darnos cuenta de estos equívocos. Vuelvo a algunos ejemplos, como los que ya he dado. Añadiendo a esas reflexiones la idea de que podríamos *considerar el gesto, incluida la palabra como gesto, precisamente como una manifestación ejemplar del símbolo en su naturaleza esencial de acción.* El símbolo no se limita a sustituir ausencias o a explicar significados (la rama rota señala que alguien ha pasado; el color rojo indica pasión). La dimensión simbólica actúa sobre todo en el acto que realiza lo que expresa. Pero dejemos que hable la experiencia. Pongamos el caso de un abrazo. ¿En qué sentido podemos decir que un abrazo *significa* amistad? ¿En el sentido de que la representa, de que la simboliza, de que la indica? ¿O no es más bien que *hace que suceda, la crea, le permite que se haga realidad?* En un abrazo, percibimos inmediatamente el acto de amistad, no el apretón de los cuerpos, y si somos uno de los dos que se abrazan nos sentimos transformados por ese gesto, y aunque fuéramos solo espectadores de eso nos sentiríamos tocados de alguna forma.

Y, sobre todo, un particular don de sensibilidad, derivado de las extraordinarias capacidades perceptivas de nuestro cuerpo, nos permitiría también *descifrar inmediatamente la intensidad y la calidad* del vínculo creado por ese gesto. ¿Tenéis presente un abrazo demasiado enfático para ser sincero, o uno demasiado insulso para parecer convincente, el que emociona porque es, además, muy natural, el que tranquiliza porque es habitual...? El mismo gesto, idéntica forma, pero diferentes acontecimientos, fuerzas diferentes. Bueno, pues fuera de este nivel de existencia, nada verdaderamente real ni sensato existiría para nosotros. Solo existirían hechos materiales y construcciones mentales. Unos sin sentido, y otros sin realismo.

El sacramento, lugar magnético de oración

Efectivamente, en ese nivel de experiencia, Jesús se apoya también cuando instituye un gesto destinado no solo a significar sus afectos, sino a realizarlos en él, imprimiendo así también la facultad de revivirlos. La comunidad de discípulos, desde sus remotos orígenes apostólicos, sintió el deber de reunir y estructurar, según esa lógica que la tradición teológica, con sus palabras doctas y sus esmeradas definiciones, definió como «sacramento de la gracia santificante y de la presencia real». Significa indicar las propiedades típicas de una dimensión simbólica que realiza lo que significa y transforma lo que toca. Los sacramentos son «signos eficaces de la gracia», afirma la doctrina. Abren el espacio efectivo de los afectos divinos, en los que nuestra vida puede existir *realmente,* tocada en sus puntos cruciales, y en los que nuestra carne típicamente espiritual puede resonar y configurarse en una dimensión efectivamente interlocutora. «Tened entre vosotros los sentimientos propios de Cristo Jesús», dice Pablo a sus cristianos en Filipos (Flp 2,5), y es consciente de que esto es posible gracias a la sacramentalidad esencial del nuevo cuerpo de la Iglesia y a los sacramentos que ella instituye sobre el mandato tranquilizador de Jesús que dice: «Haced esto en conmemoración mía».

Como tales, los sacramentos son el espacio-tiempo original de la oración, que no puede reducirse a un mero ejercicio autorreflexivo de introspección individual, donde nos hablamos a nosotros mismos, incluso cuando creemos que estamos hablando con Dios, o con la petulancia de la oración supersticiosa que persiste en pedir, incluso cuando está convencida de ofrecer. A través de gestos y palabras, signos y formas, espacios y tiempos, la Liturgia les da la estructura performativa capaz de acoger la condición humana en sus aspectos fundamentales y en sus experiencias salientes. En efecto, los sacramentos de la Iglesia tocan los momentos más importantes de la existencia: el nacimiento, la muerte, el dolor, el amor, la culpa, la responsabilidad, el alimento, colocándolos en los afectos generativos de la vida divina y encomendándolos a sus efectos regeneradores. No es necesario desarrollar aquí la teoría de los sacramentos. Baste recordar su ser un lugar-momento insuperable de una dimensión en la que la vida humana y la divina, gracias al Cuerpo humano-divino de Jesús, se encuentran en la *interacción* más alta que se puede lograr en esta condición histórica.

Consentimiento, no magia

Aquí el término «interacción» debe tomarse en serio. El sacramento, justamente como un abrazo, un beso, una caricia o un apretón de manos, actúa en el *signo* porque supone libertad y reconocimiento, no actúa como un hechizo o un filtro mágico. No llega a nuestra vida con efectos que pasen por alto nuestra conciencia o nuestra disposición, y que se impongan por sí mismos más allá de nuestro deseo y nuestro consentimiento. Aunque de forma habitual nos los imaginamos así. El sacramento, por contra, actúa en el signo porque, para su eficacia, es necesario nuestro consentimiento, son decisivas nuestras disposiciones, se requiere nuestro reconocimiento. Ni siquiera a Dios, como a cualquiera de nosotros, le gusta el sufrimiento, como una súper causa eficiente que produce siempre lo que quiere, sino que quiere ser buscado, reconocido, amado. Me viene a la mente cuando Jacques Lacan define el deseo humano como *deseo del deseo del otro*. No deseamos simplemente algo o a alguien. Deseamos que alguien nos desee, que nos considere dignos de su deseo. También a Dios le gusta ser deseado y evita tener que imponerse. El sacramento, que se da en signos-palabras-acciones en los que estamos llamados a dejarnos encontrar conscientemente, estando atentos, dispuestos, y siendo responsables, tiene la intención de actuar en esta condición de deseo. Si no se convierte en un gesto mágico.

Recuerdo una preciosa oración sobre las ofrendas: «Acepta, Señor, nuestras ofrendas en las que vas a realizar un admirable intercambio, para que, al ofrecerte lo que tú nos diste, merezcamos recibirte a ti mismo» (día V de la Octava de Navidad). Siempre he escuchado estas hermosísimas palabras como ejemplo para expresar esa idea no despótica de la gracia y ese concepto no pasivo de la libertad, en los que se realizan las condiciones del sacramento. Entonces se abre el espacio del momento más álgido de la oración, donde la vida humana dialoga con la vida de Dios, en la profundidad de los afectos mutuos que, tocando el cuerpo, moldean el espíritu.

5
El núcleo eucarístico

Un pequeño resumen

Llegados a este punto hagamos un pequeño resumen. Recordando una vieja conversación con doña Angelina, insinué que todos dudamos un poco de la calidad de nuestra oración. Pero todos, unos más y otros menos, entendemos la oración como un ejercicio de estricta consistencia individual. De hecho, una larga tradición espiritual, por muchas y complejas razones, ha establecido esta convicción, separando la oración de la Liturgia. Un momento de verdad interior, la primera; un momento de exterioridad formal, la segunda. Así ha dado comienzo a la mala reputación del rito. «Ritual» ha llegado a significar «no sustancial». Por eso es importante retomar el hilo de cómo Jesús revolucionó el significado del culto, del sacrificio y de la oración.

La Liturgia cristiana nació, por tanto, bajo el signo de una oración entendida como un nuevo culto espiritual, y de un sacerdocio que Jesús extiende a todos, no ya exclusivo de algunos. Todos podemos ser hospedados en la vida divina. Y lo que lo hace posible son el Cuerpo y el Espíritu de Cristo, lugar de transmisión en el que también nuestra humanidad puede frecuentar libremente el espacio de los afectos divinos. Si podemos orar es porque estamos en el Cuerpo y en el Espíritu del Señor. La Liturgia, forma cristiana del culto, es el momento más álgido de la oración y tiene como sujeto el «nosotros» de la Iglesia. La oración individual es solo una extensión de la oración común. Y no debemos olvidar que la Liturgia es concretamente una acción, realizada por un pueblo, en la que están plenamente implicadas nuestra corporeidad espiritual y la poderosa dimensión simbólica de nuestros gestos. Sobre esta se basa la lógica de los sacramentos, momento eminente de la oración.

Quizá todos estos temas parezcan un poco abstractos, formales, remotos, distantes, aunque a mí me parecen imprescindibles para argumentar la íntima relación que existe entre la oración y la Liturgia. Entonces, en este punto de la reflexión, puede ser útil hacer un *pequeño viaje meditativo a la estructura de la misa,* como nos hemos acostumbrado a llamar coloquialmente al rito eucarístico, momento litúrgico por excelencia, fuente y cumbre de la misma vida de la Iglesia. Repasándola en sus momentos más destacados y en sus elementos básicos, se podrán –espero– encontrar todos esos temas expresados de manera un poco formal, observados ahora en su relevancia efectiva y en la forma en que la Liturgia los convierte en sustancia real de nuestra experiencia creyente. Será, inevitablemente, un viaje no analítico, sino solo basado en elementos de fondo, suficientes para comprender *la misa como oración fundamental de la Iglesia.*

La oración del pan y del vino

Transgrediendo una secuencialidad que pertenece a los orígenes más inmediatos de la Liturgia cristiana, como testimonia el famoso pasaje de Emaús, prefiero partir del momento propiamente eucarístico, cumbre de la misa, que ha tomado la forma de una solemne y articulada oración elevada como apoyo y complemento de un gesto fundamental. En el lenguaje del cristianismo antiguo se llamaba *fractio panis,* y era la definición específica del culto en su novedad cristiana. En el primer retrato de la comunidad, que los Hechos de los apóstoles esbozan al final del capítulo segundo, se dice de sus miembros que «perseveraban en la fracción del pan» (He 2,42) y «partiendo el pan en las casas, comían con alegría y sencillez de corazón, alabando a Dios» (He 2,46-47).

Los discípulos del Señor siguen frecuentando el Templo, honrando la oración del israelita piadoso y también yendo a la sinagoga. Pero el gesto de «partir el pan» ha adquirido un carácter decisivo y distintivo. Toda una herencia del culto judío, en gestos y palabras, se orienta hacia este nuevo «significante» impreso directamente por iniciativa de Jesús. Extraído de la tradición, establece una nueva. Como hemos dicho, asigna una nueva dignidad a la idea del sacrificio como lugar de culto dirigido a Dios: ya no está en juego ni siquiera la vida de los indefensos animales, porque, en Jesús, Dios se ha puesto en el papel del sacrificado, entregando el pan y el vino como portadores simbólicos de esta extrema disponibilidad. Ya no se trata de un dar-recibir, que transforma la relación con Dios en un intercambio de intenciones, sino de *poder situarse junto a Dios mismo en un espacio común de donación.*

«Haced esto en conmemoración mía» no es simplemente el mandato de repetir miméticamente un gesto, que puede revelarse también como algo compulsivo, sino la invitación a asumir la lógica que ese gesto evoca, aclarada encima a la luz de la entrega incondicional que Jesús hace de su vida. Una manera completamente distinta de permanecer (por usar el lenguaje de san Juan) en el tipo de afectos que verdaderamente dictan ley a los ojos de Dios. Permanecer en el sentir mismo de Dios. «Juzgad vosotros lo que digo», escribe Pablo a los corintios. «El cáliz de la bendición que bendecimos, ¿no es comunión de la Sangre de Cristo? Y el pan que partimos, ¿no es comunión del Cuerpo de Cristo?» (1Cor 10,15-16). Si esto no es oración, ¿qué puede serlo?

Sobre la «fracción del pan», que incluye también compartir el vino, Jesús pronuncia palabras destinadas a imprimir para siempre la intención que acompaña a esos gestos, que los evangelios sinópticos relatan unánimemente y que san Pablo, basándose en fuentes tradicionales de la primerísima hora, parece citar literalmente:

> Porque yo he recibido una tradición, que procede del Señor y que a mi vez os he transmitido: Que el Señor Jesús, en la noche en que iba a ser entregado, tomó pan y, pronunciando la Acción de Gracias, lo partió y dijo: «Esto es mi Cuerpo, que se entrega por vosotros. Haced esto en memoria mía». Lo mismo hizo con el cáliz, después de cenar, diciendo: «Este cáliz es la nueva alianza en mi Sangre; haced esto cada vez que lo bebáis, en memoria mía». Por eso, cada vez que coméis de este pan y bebéis del cáliz, proclamáis la muerte del Señor, hasta que vuelva (1Cor 11,23-26).

Era importante citar este pasaje íntegramente porque, como se dice, contiene en sí mismo la matriz de la formulación central en torno a la cual tomó forma la plegaria eucarística, casi literalmente, en la que para nosotros es la Plegaria Eucarística II, inserta en el Misal de Pablo VI, reelaboración de la plegaria contenida en la *Traditio apostolica* de Hipólito (siglo III).

Este no es el lugar para presentar una historia compleja y convincente de la plegaria eucarística. Basta decir aquí que se desarrolla a partir de las palabras de Jesús, tan cuidadosamente anotadas en los pasajes de la Escritura, y antes todavía impresas inmediatamente en la memoria oral, que enseguida las convirtió en el corazón de las asambleas de los creyentes. Su desarrollo, en el sentido de plegaria articulada que nosotros conocemos, tiene esenciales deudas, como ya se ha dicho, con las bendiciones judías, aunque formuladas de tal manera que integre, además de su natural orientación a Dios, su esencial centro cristológico y la invocación del Espíritu. Dirigida a Dios Padre, la plegaria eucarística tiene como «objeto» a Cristo, interpela al Espíritu y se expresa en el «nosotros» con el que, quien preside, lleva consigo a toda la asamblea, enteramente celebrante e integralmente sacerdotal. La comunión eclesial se injerta aquí en la vida trinitaria del modo más alto y completo que se nos puede dar en la condición histórica en que vivimos. Aquí la oración, en el sentido de relación íntima con la vida divina, tiene su tiempo-espacio fundante.

Tres palabras difíciles

En el lenguaje griego y técnico de los estudiosos de la Liturgia, hay algunos términos que indican el singular peso específico de los diferentes momentos de la plegaria eucarística. Son, al menos los más importantes, la «epíclesis», la «anámnesis» y la «doxología». «Epiclesis», del griego «*epíklesis*», significa «invocación», porque con ella nos dirigimos a Dios Padre, pidiéndole que envíe su Espíritu para que los dones de la Iglesia, el pan y el vino indicados por Jesús, se conviertan realmente en signo que renueva la entrega de Cristo por todo el mundo:

> Santo eres en verdad, Señor, fuente de toda santidad; por eso te pedimos que santifiques estos dones con la efusión de tu Espíritu, de manera que se conviertan para nosotros en el Cuerpo y la Sangre de Jesucristo, nuestro Señor.

«Anámnesis», del griego «*anámnesis*», significa en cambio «recuerdo», pero más significativamente «hacer memoria», porque se vuelve a contar el relato emocionado de lo que Jesús hizo para la historia y para la humanidad, con la certeza de que esa entrega y esa generosidad, en las que se ha manifestado como el Cristo de Dios, se renuevan también en el presente, a partir del presente inmediato de *aquel* momento litúrgico. «El cual, cuando iba a ser entregado a su Pasión, voluntariamente aceptada, tomó pan...».

«Doxología», del griego *«doxología»*, podría traducirse por «glorificación», porque pretende proclamar en voz alta y con sentimiento unánime la «buena opinión» que no puede dejar de suscitar la entrega incondicional que proviene de la comunión trinitaria: «Por Cristo, con él y en él, a ti, Dios Padre omnipotente, en la unidad del Espíritu Santo, todo honor y toda gloria por los siglos de los siglos». Invocar, recordar y alabar. Fundamentales en la oración.

En el tejido de estas actitudes, la confianza otorgada a la oración permite insertar *intercesiones* vinculadas al presente de la Iglesia y a su testimonio en el mundo, caracterizadas según los tiempos. En el canon romano, la Plegaria Eucarística I, considerada como la más antigua, una oración de tono místico y prosa lírica, tiene por objeto la comunión de la Iglesia y entre las Iglesias. Se reclaman nombres de prestigio apostólico y de reconocida santidad, casi como para convocar en la Liturgia la presencia de las Iglesias de las que esas figuras eran representaciones titulares. En las llamadas «plegarias suizas», compuestas en 1972 con ocasión del sínodo de la Iglesia suiza, esa preocupación se expresa en una sensibilidad teológica y en implicaciones pastorales típicas de nuestra época. «Haz que todos los fieles de la Iglesia», dice la Plegaria Eucarística III «por diversas circunstancias», «sepan discernir los signos de los tiempos a la luz de la fe y se consagren plenamente al servicio del Evangelio». «Que tu Iglesia», dice la Plegaria IV, «sea un vivo testimonio de verdad y libertad, de paz y justicia, para que todos los hombres se animen con una nueva esperanza». La inmersión de la vida trinitaria, al realizarse en virtud del Cuerpo-Espíritu de Cristo, no significa nuestra absorción en una condición ahistórica, sino que, por el contrario, nos introduce en ese tipo de extroversión con la que Dios, en Cristo y en el Espíritu, genera el mundo y acompaña la historia. La oración nos asocia con esta extroversión, no nos sumerge en una extraña fusionalidad.

Hacer que nos sintamos dirigidos a Dios

En la evolución histórica de la misa, cuya complejidad aquí ni siquiera podemos rozar (recomiendo, sin embargo, la lectura de E. Mazza, *La celebrazione eucaristica. Genesi del rito e sviluppo dell'interpretazione*, EDB, Bolonia 2003), en el núcleo originario de lo que acabamos de llamar «plegaria eucarística», que floreció sobre el terreno de la *ipsissima verba Jesu*, se añadieron, y ni siquiera muy tarde, fórmulas orantes que se han vuelto inseparables para nosotros; como el *Sanctus*, himno de aclamación que lleva consigo el rasgo emotivo de las grandes teofanías bíblicas (Is 6,3; Ap 4,8) y quisiera infundir en nosotros, en el entusiasmo que debería suscitar el canto, el sentido vivo de la presencia de Dios en medio de la asamblea; o como el Prefacio, que declara y motiva la plena conveniencia del acto con el que la asamblea se prepara para dar gracias a Dios, y que se introduce con el diálogo que el presidente mantiene con la asamblea («El Señor esté con vosotros. / Y con tu espíritu. / Levantemos el corazón. / Lo tenemos levantado hacia el Señor. / Demos gracias al Señor nuestro Dios. / Es justo y necesario»), momento que prepara la concentración colectiva en la oración y sintoniza a la comunidad en torno al deseo de encuentro, aunque normalmente quienes presiden el rito tienden a reducirlo a un puro soniquete, mientras, tal vez, hojean el misal en busca del Prefacio que no han preparado.

Estas últimas observaciones me sirven para pasar a consideraciones que, desde el tono elevado sobre el significado espiritual de la plegaria eucarística, bajan a considerar sus condiciones sensibles, a los modos en que, compuesta de palabras, está expuesta a la sensibilidad (pero también a la insensibilidad) de quien las pronuncia. Pienso, en concreto, en quien preside la Liturgia y en nombre de todos eleva la plegaria eucarística en el momento más sublime de la misa. Hay una manera de interpretar esas palabras que se limita a *leer un texto,* quizás incluso mal, de manera inexpresiva y mecánica, contaminada por el soniquete, como cuando en la escuela nos hacían leer en voz alta páginas cuyo significado no entendíamos; en estos casos, todos comprenden inmediatamente, aunque sea, tal vez, solo de manera subliminal, que esas palabras no han atravesado verdaderamente el cuerpo de quien las pronuncia y no se elevan con el tono consciente de la oración a la que todos pueden acogerse.

Se ve enseguida cuando un celebrante lee, pero no reza, y esas palabras se quedan en vocablos, más o menos significativos, dispersos en la desatención general, sin que sea posible *hacerlas sentir* como dirigidas a Dios de verdad y *hacernos sentir* dirigidos a Dios. La impresión no cambia, al contrario, se agudiza, cuando un exceso de énfasis interpretativo las vuelve declamadas y teatrales, enfáticas y artificiales. Las palabras de la plegaria eucarística existen para poder atravesar el cuerpo de la asamblea y resonar como una verdadera oración que dirige a Dios una comunidad humana que da gracias junta.

Lo mismo podría decirse de la «Colecta», la oración inicial de la misa, que se llama así porque reúne las intenciones de todos en una sola oración, como las demás oraciones esparcidas a lo largo del rito, que se desvanecen, solo algunas veces, afortunadamente, en esa lectura apresurada que concluye además con el recitado, aún más expeditivo, de la fórmula trinitaria, que es como el sello de toda la oración. Relegada como texto para ser leído, esta Palabra no reúne, no acoge, no vincula: no hace orar.

6
Mesa de una Palabra viva

La calidad de las palabras dentro de la Liturgia, en su mayoría prescritas y preparadas en libros compuestos al efecto, pero entregadas al cuerpo de la asamblea y a las voces de los celebrantes para convertirse en términos de oración, despliegue del lenguaje en el que, a través de Jesús, se nos da realmente la oportunidad de encontrarnos en relación con Dios, deben tener una sinceridad y una naturalidad que no se pueden dar por supuestas. Ninguna palabra humana, y mucho menos la Litúrgica, se limita a *decir cosas,* tal vez incluso precisas en su contenido, pero, como lo hace el lenguaje humano en su función más específica, *tiende siempre a generar un vínculo y a producir efectos,* que son siempre espiritualmente verdaderos. A menos que, despojadas de su alma y reducidas a vocablos, los sonidos ligados a significantes externos, sean consumidos como fórmulas, en el peor sentido del término.

Nuestra experiencia lo corrobora perfectamente. Se puede repetir «te quiero» hasta el aburrimiento, transmitiendo, sin duda, un significado inequívoco, pero la sensibilidad de nuestro oído, el «ojo del alma», reconoce inmediatamente la verdadera realidad que ese acto de palabra, en esa determinada situación, es capaz de realizar y con qué grado de verdad. Se entiende enseguida cuando alguien, diciendo «te quiero», quiere decir, en realidad, exactamente lo contrario, o bien gastar la moneda fácil de algún sustituto afectivo, que no tiene nada que ver con la verdad de esa expresión. Los efectos reales de esa palabra son entonces enfriar un vínculo, si no mortificarlo, eludir sus responsabilidades, humillarlo. El *significado* de las palabras no lo dice todo, desde luego no lo esencial. Es su cuerpo sonoro lo que las hace verdaderas.

Palabra de Dios

La suprema dignidad de la Palabra en la Liturgia deriva del hecho de que la tradición cristiana por «Palabra» entiende siempre una «historia». La palabra de Dios no son las lecturas de la misa, ni siquiera los textos de la Biblia, sino *la historia de Jesús,* una extroflexión de su ser *persona* en el círculo de afectos de la vida trinitaria. La historia de Dios en el mundo, la de Jesús, no ha podido existir si no está unida a otras historias y si no está inmersa en una historia. Y en la historia, las vidas no se limitan a acontecer simplemente, sino que terminan «hablando», en acontecimientos que a su vez «hablan», no se limitan a ser hechos. La persona de Jesús, en toda su integridad, ha «hablado» de Dios. Y, si queremos ser más precisos, ha hablado *desde* Dios, es decir, *tomando de Él* y *en cuanto* Él. Cuando Jesús habla de Dios, es Dios quien habla.

Alguien cuenta entonces con palabras el proceso que lo ha llevado a este inequívoco e increíble reconocimiento. Se forman narraciones, se escriben libros. Estas son las palabras del texto evangélico, pero también todas las que componen el Nuevo Testamento. La historia de Dios en Jesús se despliega en palabras nuestras, que siguen siendo nuestras. Jesús, en cuanto Cristo, es Evangelio, pero los evangelios no son Jesús, ya que él está vivo, presente e irreductible a cualquier palabra que puede interpretar también la historia. Por eso, las palabras que componen los escritos, para actuar como Palabra que reúne y transforma, necesitan de una comunidad y de una tradición, y del rito que las salva de quedar reducidas a letra.

Per ritus et preces

Efectivamente, así es precisamente como vio la luz la Escritura, también la del Nuevo Testamento. No por una planificación editorial en un despacho, sino en el contexto de la Liturgia y en función de la oración. Los textos más antiguos del Nuevo Testamento son, sin duda, algunas de las cartas de Pablo a sus comunidades, que contienen himnos que el propio Pablo solo puede haber recibido de una tradición anterior, muy cercana a los hechos relativos a Jesús, y que ya formulan, a muy pocos años de los acontecimientos, los elementos esenciales de la fe cristológica y trinitaria (se equivocan esos historiadores que refieren esa conciencia al trabajo teórico de los concilios tardoantiguos, juzgándola entre líneas como artificial: ese trabajo no hace más que elaborar adquisiciones de la primera hora). Las propias cartas apostólicas entraron en la órbita de la inspiración porque fueron admitidas, como enseñanza, en la lectura pública de las asambleas litúrgicas.

Algunos estudiosos, a propósito del evangelio de Marcos, han propuesto la convicción de que su redacción nació también para ser leída íntegramente en la vigilia pascual previa a los bautismos: en dos horas los catecúmenos debían encontrarse simbólicamente con Jesús en esa historia que alguien, aún vivo, había podido experimentar directamente. La brevedad de ese evangelio habría sido solicitada precisamente por tal necesidad. Ya hemos contado cómo el texto del Apocalipsis, que cierra el canon cristiano, tiene toda la pinta de ser una composición que respira de principio a fin en la atmósfera de una liturgia elevada a representación cósmica. Y observaciones de este tipo podrían multiplicarse. Pero bastan estas propuestas para decir que la Liturgia, y dentro de ella la oración, fueron el líquido amniótico de gestación de ese sistema de relatos que llamamos «palabra de Dios».

En este contexto orante y litúrgico se activaron esos procesos en los que la Escritura vino a la luz junto con la fe. En primer lugar, el proceso por el cual el Nuevo Testamento como conjunto de textos es *el fruto último de un discernimiento meditativo en el que la historia de Jesús fue interpretada como manifestación de Cristo*, partiendo, en primer lugar, de la luz en la que situar el escándalo de su muerte ignominiosa: «¿No era necesario que el Mesías padeciera esto?» (Lc 24,26). Desde los fragmentos orales de la primera hora, pasando por las colecciones temáticas de dichos y las crónicas de la Pasión, hasta las redacciones de los cuatro evangelios y todo lo demás, el Nuevo Testamento surge de un largo trabajo meditativo que se lleva a cabo a través de interpretaciones plurales. No cuentan la biografía de Jesús, sino que *motivan la llegada a la fe en él*, aclarando sus aspectos y articulaciones.

En segundo lugar, *para este trabajo meditativo e interpretativo tuvo un papel muy importante la asimila-*

ción cristiana de la Escritura judía, luz retrospectiva y profética dentro de la cual poder situar la identidad mesiánica de Jesús. El pasaje de Emaús lo declara abiertamente, atribuyendo al mismo Jesús la autoridad de esta mirada interpretativa: «Y, comenzando por Moisés y siguiendo por todos los profetas, les explicó lo que se refería a él en todas las Escrituras» (Lc 24,27). Esta obra de asimilación interpretativa tuvo lugar en la Liturgia y allí tuvo su sello. Así, los Salmos pasaron a formar parte de la oración como meditaciones referidas a Cristo, y los libros de las Escrituras judías, como había sido el caso en el rito de la sinagoga, pasaron a formar parte de la Eucaristía cristiana, junto con la «enseñanza de los apóstoles» (He 2,42). El libro en forma de rollo que aparece en el capítulo quinto del Apocalipsis, rito eucarístico que tiene la historia como catedral, no es ese misterioso conjunto de destinos que imaginan oscuras fantasías esotéricas, sino el libro de las Escrituras judías, y solo Cristo se revela «digno de abrir sus sellos» (Ap 5,9). Así, nosotros, en nuestras misas, escuchamos el Nuevo Testamento a la luz del Antiguo.

En tercer lugar, los problemas y situaciones de las comunidades en las que se desarrolla, no son ajenos a la meditación de la fe en Cristo que, pasando la historia de Jesús por los rayos X del Antiguo Testamento, formula a su vez el Nuevo Testamento. En la redacción de las Escrituras cristianas *quedan así impresas las huellas de las circunstancias históricas de las primeras comunidades en proceso de formación*. En los pasajes que plantean el problema de cómo se debe perdonar (cf. Mt 18,15-18; Lc 17,3-4), solo por poner un ejemplo, es difícil no entrever los primeros problemas de disciplina que las comunidades deben enfrentar. La obra de interpretación cristológica que desemboca en la Escritura es también, inextricablemente, una operación de actualización eclesial.

Por último, la Liturgia que acoge *per ritus et preces* el proceso de formación de la Escritura cristiana, es también aquella en la que los numerosos textos cristianos en circulación reciben o no su autoridad canónica, según sean adoptados o no en los ritos de las diferentes comunidades. Es, en gran medida, el uso litúrgico lo que sella la canonicidad de un libro. Aunque esto suceda de forma progresiva y en agrupaciones parciales. En la Iglesia de Roma, a finales del siglo II, se leían los cuatro evangelios, los Hechos, las cartas de Pablo (no la Carta a los hebreos), las cartas de Juan, de Judas y el Apocalipsis, pero también el Apocalipsis de Pedro y el Pastor de Hermas. En la Iglesia de Antioquía, bajo Ignacio, solo se utilizaban Mateo y Lucas, con cuatro cartas de Pablo. El papa Dámaso fue el primero en establecer, en el año 380, el orden de los 27 libros, fijado definitivamente como «canónico» solo en 1546 en Trento. Es en la Liturgia de los primeros siglos donde se produjo el proceso del primer hojeado de los textos, incluido el de las numerosas cartas que pasaban de Iglesia en Iglesia, como signo de comunicación y comunión mutuas.

Cristo nos habla una vez más

Discernimiento meditativo sobre la fe, mediado en la relación entre los dos Testamentos, actualización eclesial y selección de la fuente autorizada no son solo efectos procedimentales de una historia ya lejana a nosotros, sino dinamismos que la Palabra proclamada en la Liturgia reactiva también en el presente. El texto de las Escrituras, *proclamado* en la Liturgia y no simplemente leído, representa la situación de la manifestación de Jesús, en obras y en Palabras, poniéndonos en la situación de aquel o aquella que se topa con él, ya se sienta discípulo o publicano, mujer tenaz metida en el ajetreo de la vida u hombre de mundo tentado y dudoso, simpatizante inmerso en medio de la multitud o escriba decidido a la discusión, fiel integrante o cliente ocasional. Al proclamar solemnemente la Escritura, la Liturgia *hace hablar nuevamente a Jesús.*

Los elementos externos lo enfatizan lo mejor que pueden. Del ambón desciende como una revelación de Dios en Jesús *para nosotros, ahora.* Su modo de ser proclamada debería hacernos sentir no como si estuviéramos escuchando una lectura, sino en medio de un encuentro. *Cristo nos habla una vez más de Dios,* animando nuestro agradecido asombro: «Jamás ha hablado nadie como ese hombre» (Jn 7,46). ¿No es este el acto supremo de escucha en el que ya se realizan las condiciones de la verdadera oración, frente al cual ciertas pretensiones de «escuchar a Dios dentro de nosotros» se revelan veleidosas, retóricas y no poco narcisistas? La oración, la oración cristiana, responde a Dios, que nos habla en Jesús. Por lo demás, asume su carácter íntimo de responsorialidad ya en los Salmos, que la asamblea proclama como resonancia activa de la primera escucha. Heredados de la liturgia judía, habría que cantarlos, dejando que la música, «misteriosa forma del tiempo», grabe en lo más profundo de nuestra carne sus intensas expresiones. Pero se hace lo que se puede. El espíritu tiene mil maneras de atravesarnos de arriba a abajo.

Naturalmente nada debe ser absoluto en las cuestiones que atañen a la libre circulación de nuestro espíritu metido en el deseo de Dios: pensar que la Biblia es el lugar exclusivo de la oración significa exponerse al riesgo de una idolatría del libro, que nunca trae nada bueno. Pero no ver la Escritura como *la orilla esencial para una auténtica inmersión en el misterio de Dios* significa exponerse al riesgo de una vaguedad intimista, una tangente esotérica o una autosugestión narcisista. En la Liturgia, la Escritura se mantiene en su lugar principal de verdad, donde no simplemente pone en nuestro poder la herencia de una memoria cultural, sino que mantiene siempre activas las condiciones de una presencia en continuo devenir. A la luz de esta posición, la Escritura sigue siendo lugar de oración incluso en la profundización crítica del erudito y en la reserva silenciosa del individuo en meditación. Sin embargo, nunca se trata, simplemente, de conocer algo, sino, siempre y principalmente, de encontrar a alguien.

La Palabra como Liturgia: *Divinum Officium*

En la tradición católica del segundo milenio, el «instinto orante» del creyente común siempre fue el Rosario, práctica con la que los religiosos medievales cristianizaron el *dhikr* islámico. Al llevar a cabo esta obra de «traducción», entre prácticas esencialmente antagonistas, la creatividad devota había elaborado la fórmula de la nueva oración recopilando «quince misterios», que incluían cincuenta Avemarías divididas en decenas, y que representaban idealmente una síntesis de las Escrituras, reducidas a lo que parecía la comprensión del pueblo. En realidad, esta opción había asumido un segundo objetivo: ofrecer a los fieles sencillos algo similar a lo que era para los monjes el Oficio Divino. El Rosario nacía también para ser una especie de Breviario para todos. El «Breviario», por lo demás, como se desprende del propio término, había nacido, a su vez, como una reducción *in breve* del Oficio, que los monjes tenían tiempo de celebrar en su amplitud diaria, y que los clérigos no tenían tiempo de poder recitar, si no de una forma adecuadamente mesurada.

Lo que importa en esta microhistoria del tema es el hecho de que la Escritura, por intuición del antiguo monacato, intuición feliz y duradera, ha mantenido también la dignidad de Liturgia autónoma, que, desde la perspectiva de esa espiritualidad particular, persigue *la intención de envolver todo el transcurso del tiempo cotidiano, transformándolo en oración total.* Dimensión de la prueba y de la responsabilidad, la vida cotidiana del monje requiere ser acompañada por la sabiduría divina, como Jesús que, en el desierto, tentado por Satanás, abre la boca solo para citar la Biblia (cf. Mt 4,1-11; Lc 4,1-13). La Escritura, con los Salmos a la cabeza, ayuda a la vida a concebirse inmersa en la oración. Una invención genial, muy probablemente enraizada en esa reserva inagotable que es la tradición judía, eso que ahora llamamos «Liturgia de las Horas», había asumido, en ciertos momentos de la historia, el estatus de una práctica superior, para la élite cristiana, para luego disolverse en el espacio cerrado de la reserva religiosa, en los mismos siglos en los que la Escritura se convertía en signo de contradicción entre los cristianos, y en el catolicismo se hacía casi desaparecer, incluso de la misa.

Al redescubrir la Escritura, para la que tuvo que restaurar el lugar del ambón, que de hecho había desaparecido, el Concilio intentó recuperar también la Liturgia de las Horas como práctica de todos los creyentes. A partir de aquí, los Salmos han recibido un nuevo impulso, como advierte acertadamente Paul Beauchamp:

> Actualmente, gracias al último Concilio, el uso de los Salmos traducidos a las lenguas modernas ha suscitado, empezando por los hombres y mujeres para quienes representan la oración ordinaria, un deseo más vivo de penetrar en su significado[1].

No sé hasta qué punto podemos decir de manera convincente que los Salmos se han convertido de verdad en una «oración ordinaria» para los hombres y mujeres de hoy. Se puede decir, sin duda, que han adquirido una mayor familiaridad, también en com-

---

[1] P. BEAUCHAMP, *Salmi notte e giorno*, Cittadella, Asís 1983, 5 (trad. esp.: *Los salmos noche y día*, Didaskalos, Madrid 2018).

paración con cuando se cantaba el *De profundis* en los funerales de los difuntos, sin saber que se trataba de un Salmo. La práctica de incluir la Liturgia de las Horas en la celebración de la misa se ha generalizado bastante en las comunidades, con efectos no siempre virtuosos. Sin embargo, es innegable su resurgimiento al nivel de una devoción más amplia y común. En el número 83 de la *Sacrosanctum Concilium*, su reinstauración como oración de todos se vincula a la oración incesante que Jesucristo introdujo «en este exilio terrenal», en cuanto sacerdote universal. «Esta función sacerdotal se prolonga –dice la Constitución–, a través de su Iglesia, que, sin cesar, alaba al Señor e intercede por la salvación de todo el mundo no solo celebrando la Eucaristía, sino también de otras maneras, principalmente recitando el Oficio Divino».

El servicio sacerdotal, que nos admite sin distinciones, sobre todo en el momento de la celebración eucarística, y que hace oración el espacio de la vida y el tiempo de la historia, se realiza también «de otras maneras». «Los tesoros de la Biblia» (SC 51) no carecen de la dignidad suficiente como para instituir un acto de oración litúrgica, siendo la comunidad que se reúne en torno a ellos *signo* de Cristo presente y vivo. Una «Liturgia de la Palabra», completamente impensable en el *hábitat* tridentino, que se había sumergido en una disputa sin salida sobre la Escritura, ha recuperado su lugar en el orden de la oración cristiana, no solo porque ha sido restablecida como momento efectivo de la celebración eucarística, después de siglos de ocultamiento sustancial, sino también porque se asumió con el rango de liturgia autónoma. Un beneficio espiritual en sí mismo. Pero también un necesario desarrollo pastoral, dadas las crecientes situaciones de comunidades destinadas a vivir en ausencia del ministerio ordenado. Hay zonas del mundo, esencialmente en Asia y América del Sur, y más recientemente en el norte de Europa, donde ya desde hace décadas la «mesa de la Palabra» se sostiene por sí sola como signo que construye la comunidad. Pero ya se vislumbra un presente en el que todo esto será normal para todos.

Homilía, verdadera oración

Entre las recuperaciones más significativas garantizadas por la reforma del último Concilio está la de la homilía. Restablecida hace menos de setenta años, pronto ha asumido el papel de termómetro del rito. «Me ha llegado» o «no me ha dicho nada» son reacciones alternas ante la misa que se deciden principalmente por la calidad de la predicación. Prejuicios aparte, y dejando de lado consideraciones más complejas, no debe anularse con demasiada presunción un síntoma de este tipo. «Parte de la misma Liturgia» (SC 52), la homilía debería entenderse como un componente esencial de la oración autorizada, un momento vivo de la escucha con el que Cristo habla verdaderamente a la vida de los suyos. Encomendada al competente y autorizado encargo de quien la honra como ministro, constituye el acto supremo que renueva el proceso interpretativo, que permite que las Escrituras resuenen como una Revelación que llama a la fe. Se prolonga el denso diálogo de Emaús, desarrollado para recoger en sí la forma que las inquietudes de los antiguos discípulos han asumido en este momento histórico, en el tiempo presente, para nuestra vida. En la homilía, aunque sea a través de un ministerio instituido, Cristo y la Iglesia se hablan y se entienden. Por tanto, de ella debería germinar un ardor de la comprensión que motiva la fe y guía la conversión.

Concebida así, como momento integrante de la Liturgia y forma de oración, la homilía se presenta en la vida de la Iglesia como una de las prácticas más frecuentes, y objetivamente también más atormentadas, difundidas y regulares ocasiones de desilusión, en las que parece que Cristo tiene la boca cerrada, a la Escritura se le ha quitado la luz, y solo se oye, como «un metal que resuena o un címbalo que aturde» (1Cor 13,1), solo con el protagonismo de una palabrería inadecuada. No quiero entrar aquí en un examen del problema de las predicaciones, al que el papa Francisco ha dedicado en *Evangelii gaudium* una especie de pequeño tratado que aún está por adoptar (cf. EG 142-159). Me basta subrayar su vínculo con la oración, de la que deben tener clara conciencia, tanto el ministro que la ejerce directamente, como el creyente que debe orientarse en ese momento con la disposición conveniente. «Mirad, pues, cómo oís», dice Jesús (Lc 8,18).

La palabra a los fieles

En el número 53 de la *Sacrosanctum Concilium* se pedía que, después del Evangelio y de la homilía, se restableciera la oración común, también llamada «de los fieles», de manera que –dice el texto refiriéndose a 1Tim 2,1-2– «con la participación del pueblo se hagan súplicas por la santa Iglesia, por los gobernantes, por los que sufren cualquier necesidad, por todos los hombres y por la salvación del mundo entero». Me parece que nunca ha logrado ser verdaderamente «de los fieles», compilada de hecho en fórmulas prefabricadas sobre folletos de servicio, cuando no redactadas, sobre todo en ocasiones especiales, por el cuartel general de la comunidad. Como media, «las oraciones de los fieles» han instaurado un género literario tendencialmente retórico y petulante, que alterna pequeñas conferencias sobre algún tema doctrinal, llamamientos sinceros de actualización caritativa y deseos devotos expresados en el lenguaje de una espiritualidad abstracta. Más que confiarse a la misericordia de Dios, no raramente le enseñan su oficio, y en lugar de nacer de los sentimientos de la asamblea, suelen conseguir agotarlo, ignorando por lo demás que «vuestro Padre sabe lo que os hace falta» (Mt 6,8). Intención excelente, forma que hay que revisar. De qué manera, no corresponde a este libro decirlo. Me limito a hacer referencia a esto a la luz del entrelazado Liturgia-oración que estamos explorando. Tiene sus motivos: dar la palabra al sacerdocio de la asamblea y asociar al Cuerpo del Señor también las cosas frágiles y terribles de la vida y de la historia. Pero, en mi opinión, todavía espera su forma más adecuada.

7
Registros, tonos, modulaciones

En este pequeño libro, el intento de ilustrar el vínculo que entrelaza oración y Liturgia ha tenido que pasar por la simple evocación de motivos teológicos de fondo, algunos rasgos antropológicos elementales y una descripción meditada del marco ritual, que estructura la Liturgia cristiana, especialmente en su prototipo fundamental, que es la misa. Antes de pasar a algunas observaciones finales, aunque no conclusivas, dedico este último capítulo a enumerar de manera breve, sintética y puramente evocadora, una serie de temas complementarios, que creo que conviene explicitar en serie, aunque no sean tratados en profundidad. Heterogéneos en su contenido, los enumero sin preocuparme por conectarlos demasiado, y casi por títulos apenas comentados.

Honor al creador: alabanza

Cuando se habla de oración no se puede evitar enumerar sus múltiples declinaciones intencionales. Existen –se dice– la oración de alabanza, la oración de petición, la oración de acción de gracias, la oración contemplativa y la oración de súplica. En la Liturgia, la oración no hace más que realizar en su respectiva plenitud el significado teológico de esas modulaciones. En primera instancia señalaría que en la Liturgia, especialmente en la celebración eucarística, *vibra el sentido de la alabanza coral,* que tiene como razón espiritual la creación y su armonía, el mundo y sus frutos, los elementos y su orden.

«Por nuestra voz las demás criaturas», proclama el Prefacio propio de la Plegaria Eucarística IV. Por lo demás, comienza con acentos de gran poesía: «Te alabamos, Padre Santo, porque eres grande y porque hiciste todas las cosas con sabiduría y amor». Es el rasgo cósmico de la Liturgia. De la naturaleza y del trabajo procede el material de la ofrenda, y el tiempo-espacio se concentra en una especie de visión de conjunto. «La creación está gimiendo» (Rom 8,22), y la asamblea es su voz consciente. Un tema muy vivo en el cristianismo antiguo, donde la misma iglesia-edificio asumía el valor simbólico de un universo en miniatura, y donde las profesiones humanas estaban grabadas en la piedra de los baptisterios; es menos tangible hoy, en el tiempo de la ciencia y del cosmos convertido en «espacio», del naturalismo y de la evolución. De hecho, el léxico litúrgico, forjado en el contexto y en el lenguaje neoplatónico de hace siglos, suena aquí remotamente literario, sugerente pero desprovisto de referencias reconocibles.

Recordar siempre: acción de gracias

La Liturgia se centra en ese corazón dramático que hace memoria de la Pasión, muerte y Resurrección de Jesús: memoria activa, como se sabe, herencia y cumplimiento del memorial que proyectaba en el presente el éxodo del pueblo de Moisés, que reaviva sus efectos en el rito, que da gracias al Padre por la entrega incondicional del Hijo. Cada uno de los prefacios se encarga de declarar «justo y necesario» este objetivo. Lo que se «recuerda» en la coralidad de una gratitud unánime no es la mera desventura de un generoso hombre de religión, sino las vicisitudes mismas de Dios, implicado en el destino de su Siervo, una historia plenamente terrena, y sin embargo un misterio totalmente trascendente. El pan y el vino del signo, elementos de la *creación*, son llevados como símbolo de un acontecimiento *histórico*, donde todo tiene forma de drama, porque es en la historia donde se mueven las libertades, donde se entrelazan las contradicciones y donde, como dice agudamente san Pablo, puede suceder que no se haga el bien que se quiere, sino el mal que no se quiere (cf. Rom 7,18-19). En su drama histórico y humano, Jesús sufre el mal que no merece y hace el bien que no le toca. Inocente, se convierte en símbolo de todos los inocentes. Habiéndose sacrificado a sí mismo, elimina todo derecho a sacrificar a cualquier otro.

La memoria de la Pasión, muerte y Resurrección de Cristo mantiene la oración de la Liturgia estrictamente adherida a la historia, en su esencia dramática más íntima y en su apremiante aura trágica. En la Liturgia reza gente que lleva su presente, vive su mundo, atraviesa su tiempo. Logros y contradicciones encuentran su signo en el sacrificio de Jesús. A la misa traemos la historia. Por eso, incluso por quienes no tienen vínculos religiosos aparentes, es elegida como lugar de ritualización de las cosas humanas, especialmente las trágicas. En las calamidades y los delitos, en las atrocidades y los desastres, en las desgracias y los horrores, la Liturgia de los cristianos *ofrece a todos* un rito capaz de albergar la paradoja sin ofender a los inocentes. Orar en la Liturgia significa no haber estado nunca tan presentes e inmersos en la historia. Gracias a Jesús y a *su* historia.

Mirar a lo lejos: invocación

Si bien celebra la creación y acompaña la historia, la Liturgia no pierde de vista, sin embargo, una dimensión de futuro que, al menos uno de sus participantes, es decir, Jesucristo presente y vivo, ya habita permanentemente, el primero entre todos. «Voy a prepararos un lugar», le hace decir Juan en su evangelio (Jn 14,2).

Me gustaría hablar aquí de la dimensión escatológica de la Liturgia. Más aún, del hecho de que en la Liturgia esta dimensión escatológica no es un concepto de pensamiento, interesante de formular, hermoso de expresar; sino *un tramo de experiencia real, un momento de contacto efectivo.* En la creatividad analógica de su lenguaje, el cristianismo expresó esta idea con la imagen de la comunión de los santos y de la Iglesia triunfante. Ha inspirado siglos de arquitectura eclesial, en primer lugar la de los baptisterios, con su típica figura del *octavo día.* Lo ha sido durante algunas décadas a la luz de una espera inminente. No pasaría una generación y Cristo regresaría. Después se comprendió que ese retorno nunca acortaría el curso de la historia, sino que pondría en tensión su desarrollo.

En las basílicas, creadas por Constantino como prototipo de edificio cristiano, el espacio organiza un viaje, un éxodo permanente. En un tiempo se imaginaba esa tensión como si condujese a un lugar, a otro mundo, pero que seguía siendo mundo, un poco antropomórfico. Los modernos ya no damos a esa meta ninguna imagen preestablecida: la pensamos como una justicia más grande, que redimirá, no sabemos cómo, todas las contradicciones de la historia. En cualquier caso, la Liturgia es un bastión que nos permite asomarnos a ese panorama. Al igual que Moisés, no lo veremos mientras estemos aquí. Pero asomarnos nos anima. En una imagen llena de poesía a su manera, se dice que la misa es «una parada que nos reanima en nuestro camino».

Los momentos de la vida

La Liturgia y los sacramentos envuelven en la oración de la Iglesia, y por tanto del creyente, esos momentos de la vida que marcan la diferencia. Sobre todo nacer, morir, amar. Bautismos, funerales y bodas se llevan la palma de la existencia, acogida bajo el manto de la vida divina; aunque, a decir verdad, hoy están en crisis. Hasta hace poco constituían las raíces de la solidez social del catolicismo. A menudo, en el intelectualismo que nos caracteriza, los quisiéramos momentos de una consciencia casi escolástica. Pero la Liturgia nos recuerda que son ante todo una gracia, efectos de una relación que una consciencia conquista siempre con el tiempo.

Por otro lado, es importante que la gracia llegue con gracia. Esos son momentos en los que la oración nunca es tan inmediata y real, densa y vital, y si se celebran de manera coherente con su intensidad, son sensacionales ocasiones de fe y conversión. Son, por el contrario, un desencanto, perpetrado a bocajarro, cuando se convierten en rutinarios, formalistas, retóricos, verbeneros, mecánicos, rubricistas, y pongamos todos los adjetivos que nos vengan a la mente, después de haber vivido momentos rituales indignos del mínimo significado de una vida humana y de su calidad espiritual. Se necesitaría un libro solo para hablar de esos momentos y de la irresponsabilidad con la que hemos descuidado su belleza. Aquí me limito a plantear la cuestión.

Lex orandi, lex credendi

En la forma como se ora, sale a la luz lo que se cree. En el estilo y en el contenido. Ciertas liturgias orientales u ortodoxas (como solemos decir) son cristianas como las latinas, pero especifican actitudes espirituales que subrayan unos aspectos de la fe más que otros: la absorción del cristiano, en su dimensión intemporal, de la vida en Dios, y no su responsable radicación en el drama de la condición histórica; hay diferencia, solo por poner un ejemplo. La oración es manifestación de la fe también en las palabras con las que se expresa. La Liturgia, en su guion ritual estabilizado, desborda de fórmulas que tienen una historia, un pasado (a menudo muy profundo), una procedencia, en definitiva, un origen necesariamente *situado,* como todo lo que es humano. Con su historia, llevan consigo las visiones espirituales y dogmáticas de las que proceden. El tiempo y la costumbre dan a muchas de ellas una cierta sugestión misteriosa, y al mismo tiempo dejan que se difumine su capacidad de ser significativas. En la Liturgia escuchamos frases que ya no nos dicen nada, salvo en la sugestión que ejercen ciertos ejemplos fascinantes e incomprensibles de una literatura milenaria.

Nuestra oración litúrgica vive en un misal que refleja una teología sustancialmente medieval. Y esto tiene sus consecuencias, para bien y para mal. Tesoro de una sabiduría destilada a lo largo del tiempo, es también una colección de expresiones a las que les cuesta, cada vez más, ser significativas para las condiciones de nuestra vida, en este momento histórico y en este horizonte cultural. Por ejemplo, el Prefacio de la Eucaristía celebrada con ocasión de la Santísima Trinidad dice cosas muy verdaderas, pero su antigua formulación híper dogmática ya no refleja las categorías filosóficas y teológicas con las que nosotros entendemos ese tema esencial y profundo, llegando así a nuestros oídos como un incomprensible juego de palabras con un aire vagamente algebraico. Las oraciones para bodas y funerales, por poner otro ejemplo, al tener que afrontar experiencias vivas como el amor y la muerte, siempre estrechamente ligadas a las formas culturales adquiridas, suenan desde hace mucho tiempo como gastadas y casi alienan la experiencia común. Interpretan con gran dificultad la experiencia real de esos momentos. Esta es la razón por la que en esas liturgias es imperante la necesidad de añadir palabras extra rituales.

El misal, reserva de las oraciones que la Iglesia ha meditado a lo largo del tiempo, se parece, por tanto, a ese tesoro del que el escriba que se ha hecho discípulo, va sacando lo nuevo y lo antiguo (cf. Mt 13,52): requiere sabiduría. También sobre esto haría falta un libro entero. Pero señalar la cuestión es ya mucho. En un futuro próximo, tal vez, también nuestro sentir dejará su huella, cuando la teología madure, ofreciendo palabras nuevas a la oración de siempre; mientras tanto, disfrutemos del misterio de las antiguas.

Al unísono de voces y corazones

En el libro IX de las *Confesiones,* Agustín recuerda con emoción la primera escucha de los cantos en la iglesia, apenas llegados de Oriente: «No hacía mucho que la Iglesia milanesa había introducido esta práctica consoladora y alentadora de cantar hermanados, al unísono de las voces y de los corazones, con gran fervor. Fue entonces cuando comenzaron a cantarse himnos y salmos según la costumbre de las regiones orientales, para evitar que el pueblo se consumiera en el aburrimiento y la tristeza» (IX, 7, 15). Todavía no hay música, que llegará siglos después, pero el canto se asienta en la Iglesia latina para infundir amor en los corazones ya tentados por la frialdad y encerrados en sí mismos. A mediados del siglo XV llegó el órgano, y también la música entró en la iglesia. No se debe glorificar ideológicamente el pasado, que también tuvo con el canto y la música momentos controvertidos; pero tampoco hay que idealizar ese tiempo para ser conscientes del anquilosamiento actual. El canto y la música son dimensiones, ahora, en grado cero. Renuncio en principio a cualquier disertación. Haría falta otro libro. Es una forma como cualquier otra de hacer comprender el peso de la cuestión, en real emergencia. Solo quiero contar una historia, tan hermosa como una parábola.

El día 15 de enero de 1941, precisamente, en el campo de concentración de Görlitz, en la caseta 27B, utilizada como teatro en el Stalag VIIIa, Olivier Messiaen, uno de los más grandes músicos del siglo XX y organista de la Sainte-Trinité de París, que en ese momento era prisionero de los alemanes, interpreta un cuarteto que los nazis le habían ordenado componer. Con él, Jean Le Boulaire toca el violín, Étienne Pasquier el violonchelo y Henri Akoka el clarinete. Messiaen un piano, al que le falta una tecla. Se interpreta un cuarteto titulado *Cuarteto para el fin de los tiempos,* inspirado en el Apocalipsis de Juan, interpretado como un libro de esperanza. Antes de comenzar, cita los primeros versículos del capítulo décimo:

Y vi otro ángel poderoso que descendía del cielo envuelto en una nube, con el arco iris sobre su cabeza; su rostro era como el sol y sus piernas como columnas de fuego. Tenía en la mano un librito abierto. Puso el pie derecho sobre el mar y el izquierdo sobre la tierra. El ángel que había visto de pie sobre el mar y sobre la tierra levantó la mano derecha al cielo y juró por el que vive por los siglos de los siglos, el que creó el cielo y cuanto contiene, la tierra y cuanto contiene, el mar y cuanto contiene: «Se ha terminado el tiempo; cuando el séptimo ángel empuñe su trompeta y dé su toque, entonces, en esos días, se habrá cumplido el misterio de Dios, según la buena nueva que había anunciado a sus siervos los profetas» (Ap 10,1-2.5-7).

El concierto se realiza a 15 grados bajo cero, con una profesionalidad impecable. Al sonar la última nota, después de treinta y cinco minutos de música no fácil, se levanta un aplauso atronador, interminable y agradecido. Los prisioneros están llorando. En el infierno, con la música han tocado el cielo, la justicia más grande. Esto es lo que significan, en una situación límite, el rito y la oración, con la música que los fortalece.

El sentido de la Liturgia por la belleza

El conjunto de palabras y gestos que componen la acción litúrgica, al no reducirse a decir y hacer, sino que tiene como objetivo el poder hacer suceder y hacer encontrar, *actúa por su propia estructura en la dimensión estética.* El tema tiene un alcance y una amplitud que escapa por completo a las rápidas referencias que se pueden anotar en este contexto, abordado por lo demás en lugares apropiados de estudio[1]. Si realmente existe una «obra de arte total»,

---

[1] Puedo sugerir algunas referencias útiles: P. SEQUERI, *L'estro di Dio,* Glossa, Milán 1999; J.-Y. HAMELINE, *L'accordo rituale. Pratiche e poetiche della liturgia,* Glossa, Milán 2009; G. ZANCHI, *Luoghi della grazia,* San Paolo, Cinisello Balsamo 2018; sin olvidar el gran clásico, siempre punto de partida, R. GUARDINI, *Lo spirito della liturgia. I santi*

la que Wagner perseguía combinando su música con el teatro, tal vez solo la Liturgia pueda lograrla de verdad. La Liturgia en acción es un dispositivo que reúne y entrelaza elementos de la poesía, la arquitectura, el arte, la música, el teatro, el diseño, en una síntesis que tiene como epicentro el cuerpo y su sensibilidad. «Las cosas –escribe Romano Guardini– intensifican la fuerza expresiva del cuerpo y de sus movimientos; son, por así decir, una ampliación del alcance del cuerpo más allá de sus límites naturales»[2].

En la Liturgia, el cuidado de la *forma* permite que las palabras y los gestos actúen realmente como *fuerzas,* no limitándose a instruir la mente sobre los significados, sino a orientar el espíritu hacia un sentido, que tiene el alcance real de una experiencia *dada.* ¿Recuerdas el abrazo? Para que se realice en su *verdad,* debe acontecer en su *belleza:* el abrazo forzado, apresurado, contenido, impetuoso crea distancia, no amistad. El que es convencido, enérgico, envolvente, ese sí, crea proximidad, fortalece el vínculo, renueva la unión. Ambos, a su manera, *dejan huella.* Pero uno en un sentido deprimente, el otro activo. Por supuesto, aquí por belleza no hay que entender la cosmética de los objetos y la teatralidad

---

segni, Morcelliana, Brescia 1996, publicado en 1930 (trad. esp.: *El espíritu de la liturgia,* CPL Editores, Barcelona 2000).

[2] GUARDINI, *o. c.,* 66.

de las actitudes, sino la capacidad de dar atracción íntima a palabras y gestos que afectivamente se manifiestan como auténticos, no simplemente construidos. La «noble sencillez», sugiere *Sacrosanctum Concilium* como criterio básico. A este respecto, surgirían un montón de cuestiones que, sin embargo, no pretendo abordar, remitiendo al lector a otros estudios en profundidad.

Esta incursión relámpago en la dimensión estética del rito y de la Liturgia, que sirve al menos para aludir al tema, me sirve para recordar una vez más que «el gesto es espíritu», y que nunca lo que se ve en la Liturgia, como la oración, se puede reducir al ejercicio mental de la palabra, ya sea introspectiva o expresiva. *En términos cristianos,* la oración tiene su fundamento en la disponibilidad del Señor a dejarse encontrar en su verdadero Cuerpo, en los signos sensibles de su intención de manifestarse y de su deseo de ser reconocido. Los «santos signos», como los llama Guardini, actúan precisamente en este registro, reproduciendo para nosotros y para todos la escena original del *Señor que se hace ver.* En este aspecto también se ilumina la estrecha conexión entre las escenas de aparición del Resucitado y el esquema de la Liturgia. La calidad estética de los signos que se dan en gestos y palabras en la Liturgia *da cuerpo a la manifestación del Señor* en medio de su comunidad. En ellos él nos encuentra y pide ser reconocido.

En el libro llevado al ambón, en la Palabra proclamada por el lector, en la presencia sólida del altar, en el beso de quien preside, en la oración que acompaña al pan y al vino elevados como ofrenda, en el canto que hace de todos una sola voz, en el incienso que envuelve el cuerpo de un amigo que se entrega a la gracia de Dios, en el agua derramada sobre la asamblea en signo de bendición, y en muchos otros gestos y palabras que tejen la trama de la Liturgia, algo nos toca y nos une al Señor, nos seduce y nos transforma, nos interpela y nos instruye. Nuestra voz que responde, no se limita a expresar contenidos, corresponde a una invitación, acepta un diálogo en curso, replica a algo que se ha presentado y en lo que garantiza que quiere quedarse. La oración está tanto en la palabra como en el ver, en la escucha silenciosa, en la compostura del ser, en la mano que acoge el pan, en la que lo ofrece, en el paso que va a la comunión, en el dejarse traspasar, gracias al canto, por palabras que se han vuelto luz del corazón. Modalidades de la presencia del espíritu, el nuestro y el del Señor, que se encuentran, se reconocen, se hablan.

Sin embargo, no se trata de magia. El gesto o la Palabra con los que nos toca el Señor que se manifiesta no es el hechizo que nos sumerge de lo extraordinario, quitando nuestras responsabilidades o forzando nuestra voluntad. Eso sería magia. El signo-sacramento de la Liturgia, al contrario, interpela y mueve la libertad, activa la forma del acontecimiento ante la cual no se puede menos de tomar posición, orientándonos hacia la correcta. Asimismo es cierto que también los signos-sacramentos de la Liturgia pueden ser buscados como actos de magia, y en ellos degradar la oración a una fórmula verbal que espera sus correspondientes efectos mágicos. Sucede si se resuelven en la mecánica de su cumplimiento exterior.

Algunos ejemplos, para hacer más comprensibles estas últimas notas. ¿Recordáis la plegaria eucarística, que si se reduce a un texto para leer no reúne a nadie en ninguna oración? Llevamos el razonamiento a la medida de gestos-signos aparentemente hasta menos relevantes. Tomemos como ejemplo el hermoso acto de incensar el cuerpo del difunto al final de un funeral, formidable declaración de la irreductibilidad del cuerpo a una cosa, incluso en el momento de la muerte. Hay una manera de hacer ese gesto, animado por la justa elegancia y sostenido por una visible convicción, que logra manifestarse verdaderamente como signo de una súplica general y de una preocupación común, en la que todos se encuentran verdaderamente, casi físicamente. Pero hay también una manera de realizar el mismo gesto, apresurado, mecánico, brutal, que tiene en cuenta solo el movimiento funcional del objeto, en la que lo que se manifiesta es únicamente la convicción real de que las cosas son solo cosas, los muertos siguen muertos, e incluso los gestos son solo procedimientos que hay que cumplir. Gestos como este, desgarbados como son, nos repelen a un espacio de suspensión de la sensibilidad, como para protegernos de su brutal nihilismo, e infunden en nosotros una radiación invasiva, aunque imperceptible, de melancolía: en última instancia, anestesian nuestra sensibilidad hacia la densidad de los gestos y eliminan cualquier expectativa sobre el significado de la acción ritual. La oración no nos lleva consigo.

La manera decide lo incisivo del sentido y colabora en la eficacia real del signo, que si no se cuida con actitudes adecuadas y correspondientes intenciones, puede hacer completamente prevalente e inmediata esa observación que, en la famosa novela *La nausea*, Jean-Paul Sartre pone en boca de su narrador: «En las iglesias, a la luz de las velas, un hombre *bebe vino* delante de mujeres arrodilladas». Las cursivas son mías, para resaltar la expresión, desencanto efectivo inoculado en profundidad cada vez que el gesto litúrgico no está a la altura cualitativa de su objeto. Precisamente cuando el rito se nos aparece como *nada más* que un rito.

Para terminar.
En el panorama de la ciudad secular

Byung-Chul Han, prolífico acuarelista de escenarios sociales, escribió un libro muy conocido y muy citado para apoyar la idea de que, en nuestro tiempo, los ritos han desaparecido (*La desaparición de los rituales*, Herder, Barcelona 2020). Personalmente soy de la idea de que la dimensión ritual, más que desaparecer, simplemente se ha resituado, encontrando nuevos canales en los que dejar fluir su necesaria energía socializadora. Esto no quita que se haya transformado profundamente y que su reposicionamiento tenga repercusiones sustanciales en el rito cristiano celebrado en la Liturgia. Además, también esa necesidad para la que se sigue utilizando también el término «oración», diluida en prácticas de lo más variado, también adquiere nuevas formas[1].

La cuestión debe encuadrarse en el fenómeno más general del retorno social de la religión, que

---

[1] Cf. C. GENOVA, *Oltre il credere. Significati e senso nelle pratiche religiose*, Mimesis, Sesto San Giovanni 2016.

ha traído consigo una sensibilidad general hacia una dimensión *espiritual* que, sin embargo, más que rehabilitar las antiguas religiones, las pone aún más profundamente a prueba. No se trata aquí de hacer un examen social de estos escenarios. Mencionarlo sirve para situar nuestras reflexiones sobre la Liturgia y la oración en un contexto en el que *celebrar* y *orar*, desde el punto de vista de una sensibilidad colectiva, adquieren nuevos parámetros. La personalización, la hibridación y un cierto nomadismo experimental son características que inciden en las mismas actitudes con las que se vive la oración y la Liturgia dentro de la pertenencia cristiana. *In primis*, el lugar de la misa en la economía de la vida cristiana y la relación de los creyentes con sus formas y lenguajes.

La «crisis de la misa», y sobre todo de la participación, anima desde hace mucho tiempo los discursos de la Iglesia. Las encuestas demográficas se persiguen para verificar los porcentajes de frecuencia, como si seguir poniéndose el termómetro bajo la axila ayudara a bajar la fiebre. Pero para la sensación del cambio basta echar un vistazo. La misa hace tiempo que ha dejado de ser el principal rito de socialización de masas, como lo ha sido durante algunos siglos. Las Liturgias colectivas, como sabemos, son otras y se concentran principalmente en la confluencia del consumo y el mundo de los medios.

Que la misa haya puesto fin a este servicio social no debe verse necesariamente como un desastre. Esto puede liberar energías con vistas a su calidad específica. Sin embargo, el hecho es que tal transición no ocurre sin tener que lidiar al mismo tiempo con transformaciones que son, por así decirlo, *internas*. A cualquiera le llama la atención una impresión: no solo la misa ya no es el rito de todo el mundo, sino que ya ni siquiera es el rito de todos los cristianos. Cada vez son más los creyentes que practican la caridad y la Biblia más que la misa, y que persiguen un ideal de oración, personal e interior, que se cultiva lejos de las obligaciones de la Liturgia. ¿Decadencia de la vida cristiana o evolución de sus equilibrios internos?

Personalmente, propongo la idea de que el orden cristiano, con sus elementos básicos, se encuentra en una situación de tener que reorganizarse, regresando de la función socializadora en la que había actuado durante siglos, y orientándose nuevamente, aunque no de forma idéntica, hacia estructuras más parecidas a las antiguas. En los primeros siglos, la Liturgia eucarística se consideraba la cumbre de la vida cristiana y, por tanto, también estaba protegida por una disciplina que preservaba su significado de la insidiosa frivolidad de los no iniciados. No todos podían participar en el rito eucarístico, como se sabe. De hecho, parece que estamos volviendo a ese patrón. Solo que por efectos inducidos, más que por opciones deliberadas.

Sin embargo, la inercia de las cosas nos está orientando a algunas observaciones. La misa es para todos, pero no es de todos. Ni siquiera *desde dentro* de la vida cristiana. En lugar de temer y desaprobar, habría que *pensar* este movimiento. Y configurarlo pastoralmente. No debe perderse la adquisición de la apertura antielitista de la misa socializada de estos últimos siglos, pero ya no puede imaginarse como automáticamente inclusiva. Abierta a *todos,* se apoya en realidad en el cuidado aficionado de *alguno.* Es el fuego que permanece encendido en la chimenea, al que cualquiera puede acercarse cuando quiere calentarse *por lo que cree,* con tal de que se mantenga reluciente y cálido.

Luego en la vida cristiana la comunidad puede y debe abrir otras experiencias, otras formas, otros modos, otros lugares, para acercarse a la presencia del Señor, desde el servicio de la caridad al compromiso social, desde la investigación espiritual a la profundización cultural, pasando por la oración no necesariamente eucarística, como una Liturgia de la Palabra que está afirmando ya su autonomía, también como respuesta a los numerosos problemas planteados por la ausencia, en la forma actual, del ministerio ordenado: numerosos caminos de aproximación, múltiples y complementarios, para una comunidad imaginada en círculos concéntricos, o en poliedro, si parece menos jerárquico, en la que muchos encuentros, todos ellos verdaderos y reales, se dan en torno a la memoria del acontecimiento-oración originario e irrenunciable de la Eucaristía-sacramento en el que se da realmente la presencia del Señor. Establecer esta dialéctica y traducirla en las formas adecuadas serán los compromisos de la Iglesia del futuro.

Esto nos libera de pensamientos deprimentes a causa de quienes no están, y libera energías esenciales para los que sí están y motivaciones urgentes para la calidad de la misa, en su dignidad esencial de oración litúrgica, momento en el que algunos, en nombre de todos, experimentan realmente que el Señor se presenta «para quedarse con ellos» (Lc 24,29). Liberados de la obsesión por los números, se podrá ser más sensibles al encanto de los signos, que la Liturgia pone en acto como oración por excelencia. La cuestión es seria y no se reduce a cosmética del rito, ni tiene que ver con ciertos entusiasmos *retro* con los que muchos parecen confundir el verdadero significado del cuidado de la Liturgia. Su encanto puede resultar esencial no solo para quienes lo mantienen vivo en el corazón de la comunidad, sino también para todos los que viven en la sociedad secularizada de nuestro tiempo, depurada de todo lenguaje de fe y, por tanto, atravesada por confusos estremecimientos de lo sagrado, donde prevalecen las imágenes pero escasean los signos, tienen éxito los simulacros, pero se eclipsan los verdaderos sacramentos: entre estos muchos, habrá también quien levante la cabeza y apriete los ojos ante el encanto de un signo que marca la diferencia.

En el panorama de la actual ciudad secular, que se mantiene inexorablemente horizontal aunque sus edificios desafían al cielo, el pequeño signo de la Iglesia, incluso en el sentido del edificio, sigue siendo una huella esencial de verticalidad de la que disfrutan no solo los que entran, sino también los que lo ven desde fuera. «En medio de gente de labios impuros» (Is 6,5) y «por nuestra voz, las demás criaturas», la Liturgia de los cristianos mantiene activo el gesto del Señor y viva su Palabra, indicando la dirección hacia la que, en todo caso, hace camino el anhelo de todos, incluso de quienes no saben orar.

Índice